KB235272

남양주 땅이름

남양주 땅이름

풍양문화연구소
풍양문화시리즈 02

남양주 땅이름

임병규·윤종일

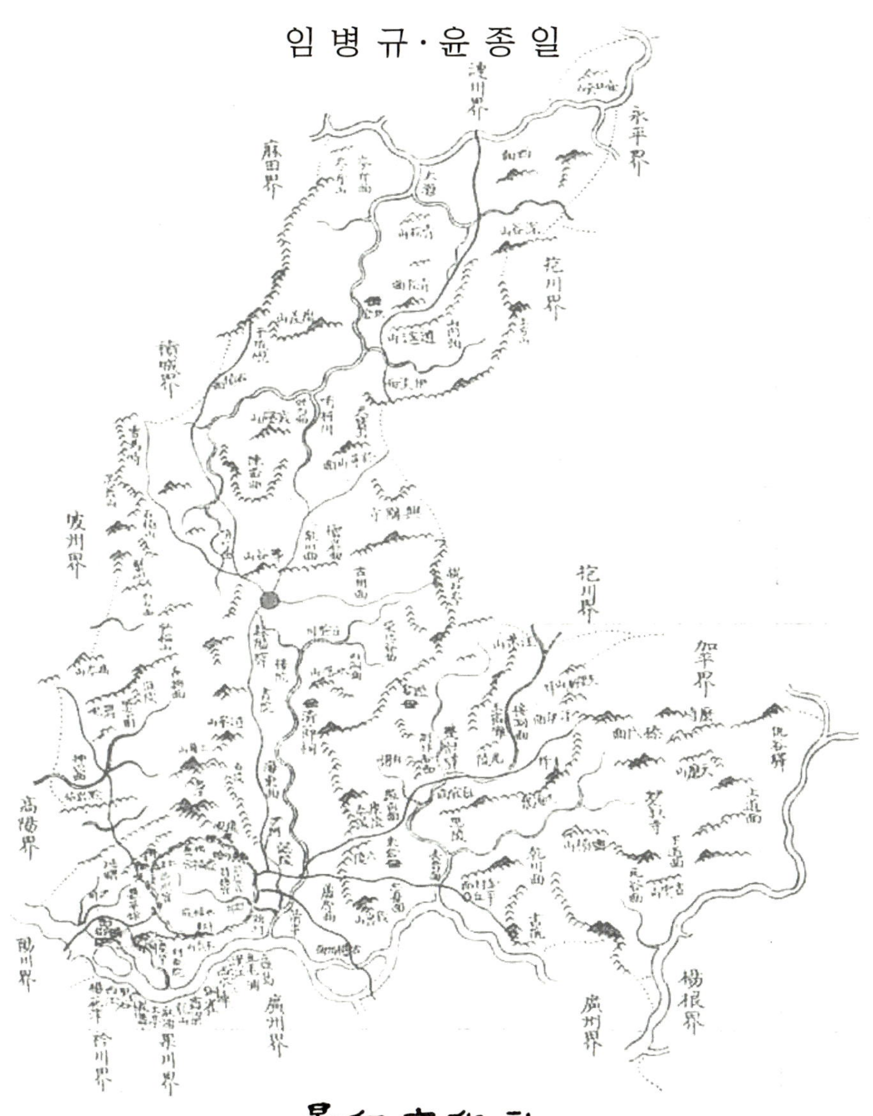

景仁文化社

뿌리를 생각하며

　이제부터 우리가 해야할 일은 바로 지금, 이곳에 살고 있는 젊은이들에게 이 땅의 역사와 삶을 일깨워주고, 자부심을 불어넣어 줌으로써 떠돌이 의식을 털어내 버리며 진정한 지역사회의 기둥이 되게 하는 것이다.

　어디를 둘러보아도 푸른 산과 너른 들, 유장한 한강의 흐름이 한 눈에 잡히는 이곳 남양주는 어느 지역보다도 문명의 혜택과 자연의 은혜로움이 잘 조화된 곳이다. 역사적으로도 남양주 지역은 편리한 수상교통과 서울에 인접한 지리적 이점으로 큰 고을을 이루었던 곳으로 이제 미래의 전원도시로 새롭게 성장할 잠재력을 지닌 고장이다.

　굳이 주말을 기다리지 않아도 집 떠나는 수고로움을 빌리지 않더라도 바로 마당 앞에 자연이 그대로 다가와 있는 이곳이야 말로 천혜의 혜택을 고스란히 부여받고 있는 것이다.

　이 땅에 살다 이 땅에 뼈를 묻은 선현들의 정신적 뿌리를 캐내고 다듬어 생생한 미래의 주인공들에게 되돌려 주는 작은 운동을 지금부터라도 시작하여야 한다.

　나는 무엇이고 어떤 존재인가? 어제의 결과이고 내일의 원인이 아니던가 이웃을 떠나서는 한시도 살아갈 수 없는 역사적 존재가 아니던가. 바로 이곳이 고향이라는 뿌리내림의 정신이 큰 힘을 얻어야 할 때다.

—와부소식 창간호, 「뿌리를 생각하며」에서

<목 차>

남양주의 변천과 역사

　남양주는 선사시대의 유물·유적이 다수 발견되는 지역으로 신석기시대부터 취락이 형성되었던 것으로 밝혀지고 있다. 삼한시대三韓時代에는 이미 부족국가로 성장하였을 것으로 추정되지만 확실한 근거는 찾을 수 없다. 남양주일대를 가리키는 지명으로 사료에 처음 나타나는 명칭은 풍양豊壤이다. 『삼국사기三國史記』 권35, 잡지雜誌 4, 지리地理 2(二)에 기록된 사실에서 삼한시기부터 부족국가로 성장해 간 것으로 판단된다. 이 책의 지리조에는 '한양군漢陽郡은 본래 고구려의 한산군漢山郡을 진흥왕眞興王이 주州로 만들어 군주軍主를 두었고, 경덕왕景德王이 개명하였는데 지금의 양주옛터楊州舊墟이다. 그 영현領縣은 둘로 황양현荒壤縣은 본래 고구려의 골의노현骨衣奴縣을 경덕왕이 개명하였는데 지금 풍양현豊壤縣이라 부르고 …'라는 기사가 보인다. 또 『신증동국여지승람新增東國輿地勝覽』에 "풍양궁은 주州의 동쪽 50리에 있으며, 본래 고구려시대 골의노현骨衣奴縣이며, 신라가 황양荒壤으로 고쳐 한양군의 영현領縣이 되었다. 고려 때에 풍덕으로 고치고, 현종 9년 양주에 속하고 후에 포주抱州에 속하다가 조선시대 세종 원년 본래로 귀속되었다"는 기사가 보인다.

　현 남양주지역은 광개토대왕의 남하정책이 있기 전에는 한강변에 도읍을 정한 백제의 영토였을 것으로 추정된다. 현 남양주시 진접읍, 진건읍 일대를 마한馬韓의 고리국古離國에 비정한 견해(이

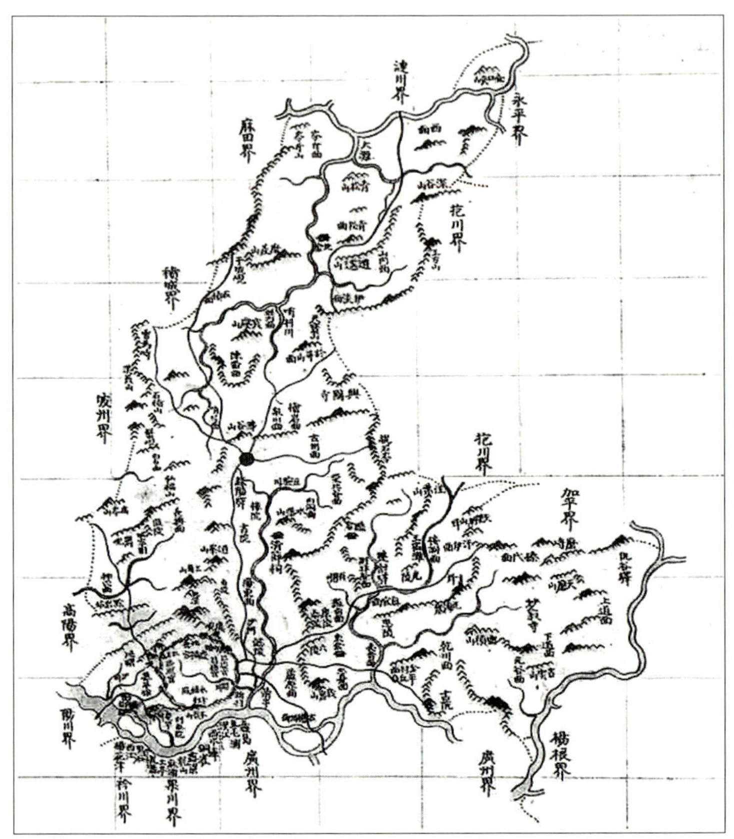

팔도군현지도 남양주 부근(18C 중엽)

병도)가 있는데 이는 광개토대왕비의 명문銘文에 보이는 고리성古
利城과 골의노현骨衣奴縣의 음이 유사한 데에서 근거하고 있다. 이
러한 점을 고려해 볼 때, 남양주 지역은 마한의 고리국에서 백제
의 고리국으로, 396년 고구려 점령으로 골의노현으로(古離→古利
→骨衣) 바뀌었음을 알 수 있다. 이와 함께 광개토대왕의 남진정
책 이후 남양주 일대의 한강유역이 삼국 간의 세력쟁패의 각축장
이 된 것으로 보인다.

475년(장수왕 63) 고구려군 3만 명이 백제의 한성을 함락시킴으로써 한강 이남이 고구려 관할하에 들어감으로써 남양주지역은 고구려 매성買城(또는 창화군昌化郡)에 소속되었다. 이에 남양주지역

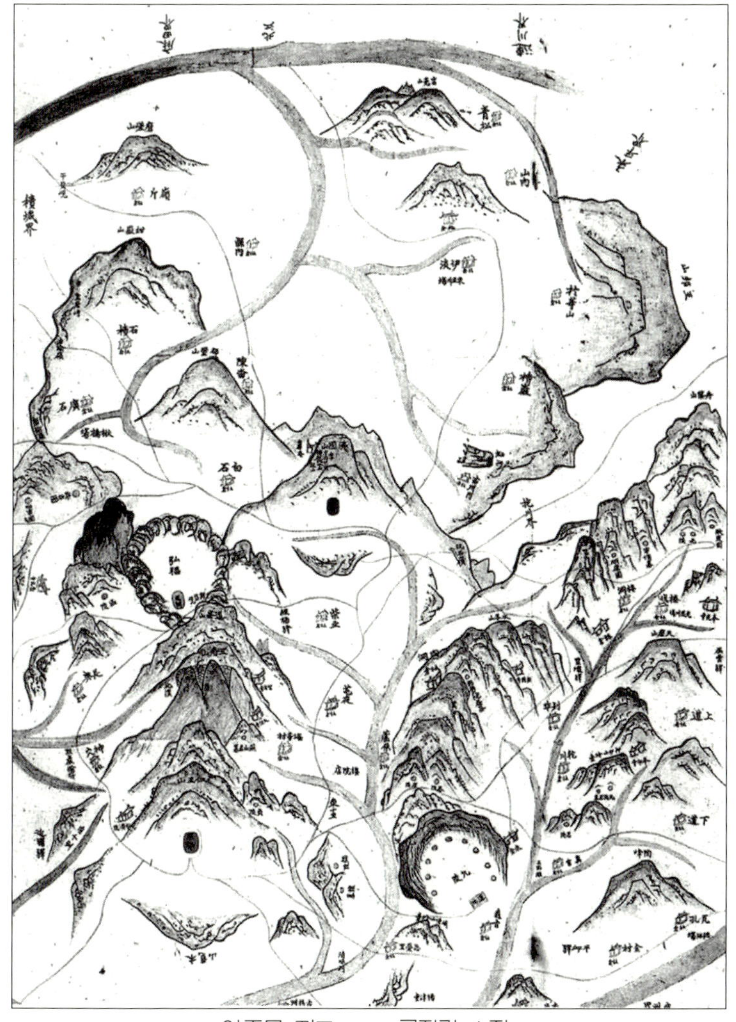

양주목 지도(1987, 규장각 소장)

은 한산주漢山州에 속한 북한산군北漢山郡 관내인 골의노현骨衣奴縣
(현재의 진접읍 일대)에 속하였다. 이렇게 남양주의 지명은 백제와
고구려의 쟁패에 따라 변화가 자주 나타나고 있다. 이후 신라가
한강유역에 진출하기 전까지 고구려가 80여 년간을 장악, 통치하
였다. 고구려 영역이 되었던 한강 일대는 나제동맹羅濟同盟의 성립
에 따라 551년(성왕 29년) 일시적으로나마 백제에 다시 속하였지만
553년(진흥왕 14년)에 신라의 공격으로 신라에게 넘어갔다.

삼국통일 이후 남양주지역은 한양군漢陽郡에 속하였다가, 고려시
대 한양군漢陽郡 황양현荒壤縣(현재의 진접읍·진건읍 지역)에 속하
게 되었다.

고려의 왕건王建이 898년 궁예의 휘하에 있을 때 양주楊州와 견
주見州(현 양주군 주내면)를 점령했다는 기록을 찾아볼 수 있으나,
언제 양주로 바뀌었는지는 확실하지 않다. 또한 왕건이 고려를
건국하고 견훤甄萱에게 양주를 식읍食邑으로 하사했다는 기록에서

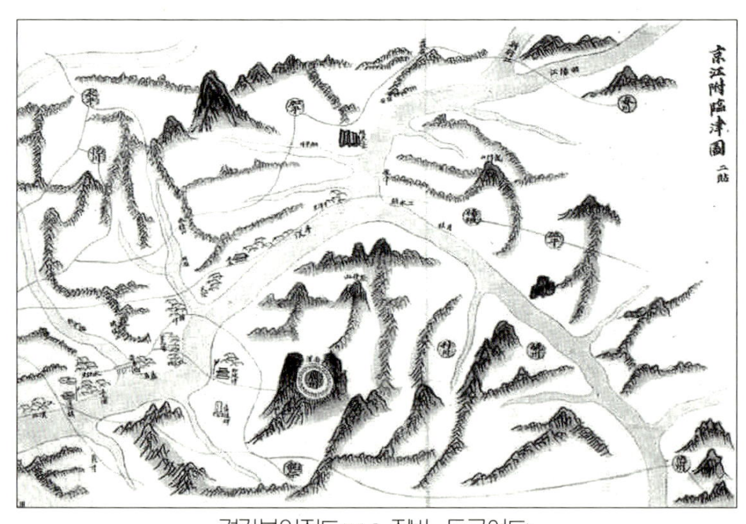

경강부임전도(19C 전반, 동국여도)

양주가 고려 건국 이후 왕실에서 직접 관할하는 직할지 역할을
했을 것으로 보인다.

　양주가 고려 지방통치체제에서 정식으로 등장하는 것은 983년
(성종 2)에 설치된 12목 중의 하나인 양주목楊州牧으로 등장하면서
부터이며, 1018년(현종 9) 지방관제가 개편되면서 양주는 목牧에서
지주사知州事로 강등되었다. 지주사로의 강등은 군사적인 성격이
없어지고 민정적인 성격으로 바뀌고 그 중요성이 감소되었음을
뜻하는 것이다.

　그러나 1067년(문종 21)에 양주는 3경京의 하나인 남경南京으로
승격되어 지방제도에서 최상의 위치를 차지하게 되었다. 이후 남
경은 1308년(충렬왕 34) 한양부漢陽府로 개편될 때까지 고려 지방
행정의 근간으로서 중요한 기능을 수행하게 되었다.

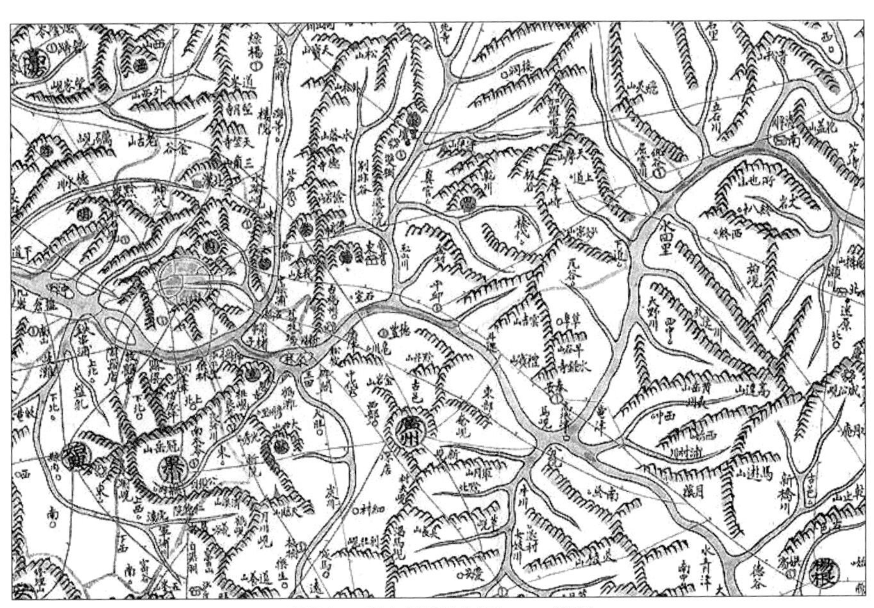

『동여도』의 남양주 부근(19C 중엽)

양주는 조선시대에 들어와 한양부에서 떨어져 나와 지양주사知
楊州事로 되었다가, 1397년(태조 6) 부府로 승격, 1413년(태종 13) 견
주군호부見州都護府(속현으로 견주·풍양·사천이 있었음)가 되었다.
연산군은 1504년(연산군 10) 양주목을 폐지, 금표禁標를 설치하고
사냥터와 강무장으로 사용하였으나, 1511년(중종 6)에 다시 복주復
州되었다.

16세기에서 19세기 중엽까지 양주지역의 명칭은 크게 변화하지
않았으나, 구한말 전국적인 행정구역 개편 속에서 변화가 발생하
였다. 1895년(고종 32) 양주는 한성부漢陽府에 속하게 되고, 1896년
경기도 양주군으로 개편(칙령 제36호)되었다.

일제가 조선을 병탄하면서 1914년 4월 1일 전국에 걸쳐 침략적
성격의 행정구역 통폐합 조치를 단행하였는데 이때 남양주지역은
양주군의 몇 개 면과 광주군 초부면 등으로 분산되어 구획되었다.
1914년에 단행된 행정구역 통폐합은 한때의 기구정비에 끝나지
않고 현재까지도 전국 행정구역의 기본 골격을 이루고 있다.

이후 1922년 양주군 청사가 주내면 유양리에서 위치가 양주면
으로 이전하였고, 1980년 4월 남양주군이 양주군에서 2읍邑 6면面
으로 분리하였으며, 1986년 1월 구리읍이 구리시로 승격 분리,
1989년 1월 미금읍이 미금시로 승격 분리하였다. 그러나 1995년 1
월 1일 미금시와 남양주군이 통합하여 도농 복합형태의 남양주시
로 발족하고, 2006년 1월 20일에는 풍양출장소 설치가 설치되어 진
접읍·오남읍·별내면·퇴계원면을 관할하여 현재에 이르고 있다.

1. 남양주시 연혁

시 대		연 도	연 혁
삼 한			마한 54국 중 고리국古離國 : 풍양·양주 일대
삼국	백제	286년(책계왕 1)	아차성 수축
	고구려		골의노현骨衣奴縣 ; 진건·진접 일대
	신라	553년(진흥왕 14)	한강 하류 점령
통일신라		757년(경덕왕 16)	골의노현을 황양荒壤으로 개칭
고 려		935년(태조 18)	한양군을 양주로 개칭, 견훤에게 식읍으로 하사
		940년	견주見州 : 현 양주지역 풍양豊壤 : 진건·진접 지역 평구 : 남경 소속
		983년(성종 2)	양주목 설치
		1012년(현종 3)	안무사로 고침
		1018년	지양주사로 강등
		1067년(문종 21)	남경유수관으로 승격, 곧 격하
		1104년(숙종 9)	남경 승격, 풍양현·견주·사천현을 남경의 직할지로 삼음
		1308년(충렬왕 34)	남경을 한양부로 격하
조 선		1394년(태조 3)	한양부를 한성부로 개칭 양주 치소를 대동리(현 광진구 광장동)로 옮김 양주를 지양주사로 강등
		1395년	양주부로 승격
		1397년	양주 치소를 고주내(현 양주군 고읍리)로 옮김
		1410년(태종 10)	양주목으로 승격
		1413년	양주도호부로 강등
		1419년(세종 1)	풍양현을 포주에서 양주로 이관
		1466년(세조 12)	양주목으로 승격되고 풍양현을 속현으로 둠
		1504년(연산군 10)	양주목 폐지, 왕의 사냥터가 됨
		1506년(중종 1)	양주목 복구 양주 치소를 불곡산 남쪽(현 양주군 주내면 유양리)으로 옮김
		1895년(고종 32)	8도제 폐지. 전국 23부로 개편. 한성부 양주군 소속
		1896년	23부제 폐지. 13도로 개편. 경기도 양주군 소속
일제침략기		1906년	광주군 초부면草阜面, 양주군 편입
		1914년 4월 1일	경기도 양주군(행정구역 통폐합)
		1940년 2월 14일	조안출장소 설치

광복 이후	1963년 1월 1일	수동면 신설(화도면 3리, 진접면 1리, 가평군 외서면 3리 통합)
	1966년 7월 11일	별내면 퇴계원출장소 설치
	1973년 7월 1일	구리면이 구리읍 승격
	1979년 5월 1일	미금면이 미금읍 승격
남양주군	1980년 4월 1일	남양주군 신설(구리읍·미금읍·진건면·진건면·화도면·수동면·와부면·별내면)
	1980년 12월 1일	와부면이 와부읍 승격
	1983년 2월 15일	진건면 양지리·오남리·팔현리, 진접면 편입
	1986년 1월 1일	구리읍이 구리시로 승격 분리
	1986년 4월 1일	조안출장소가 조안면으로 승격
	1989년 1월 1일	미금읍이 미금시 승격 분리
	1989년 4월 1일	진접면이 진접읍으로 승격 퇴계원출장소가 퇴계원면으로 승격
	1991년 12월 1일	화도면이 화도읍으로 승격
	1992년 4월 1일	진접읍 오남출장소 설치
남양주시 신설 이후	1995년 1월 1일	남양주·미금시 통합, 남양주시 신설
	1995년 5월 6일	오남출장소가 오남면으로 승격
	2001년 9월 12일	진건면·오남면이 진건읍·오남읍으로 승격
	2006년 1월 20일	풍양출장소 설치(관할구역 : 진접읍·오남읍·별내면·퇴계원면)

2. 조선시대 남양주의 지명 변천

출　　　전		지　　　　　명
『신증동국여지승람』 (1530년)		별비곡別非谷, 진대榛代, 진관眞官, 미곡尾谷, 상도上道, 하도下道, 접동接洞, 건천乾川, 금촌金村, 미음美音
『여지도서』 (1760년)	명칭 변천	진대榛代→진벌榛伐
	새로운 지명	와공瓦孔, 내동內洞, 독음禿音
	없어진 지명	미곡尾谷, 미음美音
『대동지지』 (1864년)	명칭 변천	진벌榛伐→진대榛代
	새로운 지명	와곡瓦谷, 미음美音
	없어진 지명	내동內洞, 와공瓦孔, 독음禿音

3. 한말 남양주지역의 행정구역

면 명	리 명
별비면別非面	도감리都監里, 흑석리黑石里, 광암리廣岩里, 화접동花蝶洞, 간촌리間村里, 동촌리東村里, 영지동靈芝洞, 동학동東鶴洞, 응달리應達里, 덕동리德洞里, 묘동리廟洞里, 퇴계원리退溪院里, 서촌리西村里, 거묵동巨黑洞, 마전리麻田里, 식송리植松里, 삼안리三安里, 전도리全道里, 내곡리內谷里 (19개 리)
진벌면榛伐面	진벌리榛伐里, 금곡리金谷里, 수막동水幕洞, 내마산리內馬山里, 중리中里, 검단리黔丹里, 후평리後平里, 주곡리周谷里, 팔야리八夜里 (9개 리)
접동면接洞面	본접동리本接洞里, 전동리全洞里, 내동리內洞里, 와촌리瓦村里, 중포리中浦里, 장생리長牲里, 봉현리蜂峴里, 비각리碑閣里, 현창리縣倉里, 궁동리宮洞里 (10개 리)
건천면乾川面	팔현리八賢里, 어남상리於南上里, 어남하리於南下里, 점막리店幕里, 송정이松亭里, 오산리梧山里, 단곡리丹谷里, 오룡동五龍洞, 성릉리成陵里, 식동리植洞里, 하독정리下獨井里, 상독정리上獨井里, 양지리陽地里 (13개 리)
진관면眞官面	평촌리坪村里, 월음리月陰里, 본진관리本眞官里, 고현리高峴里, 신촌리新村里, 법동리法洞里, 배양동培養洞 (7개 리)
상도면上道面	가곡리嘉谷里, 석수대리石水臺里, 송라동松蘿洞, 전의동典儀洞, 점막리店幕里, 묵동리墨洞里, 지사리芝沙里, 지둔리芝屯里, 운하동雲霞洞, 구곡리九谷里, 답동리畓洞里, 등경동燈檠洞, 호만리好滿里, 궁촌리宮村里, 당두평리唐豆坪里, 장천리長川里, 응암리鷹岩里, 내동리內洞里, 세월산리細月山里, 평동리坪洞里, 장내리墻內里 (21개 리)
하도면下道面	진동리眞洞里, 녹동리鹿洞里, 장현리獐峴里, 맹곡리孟谷里, 월길리月吉里, 남하리南下里, 계전리鷄田里, 궁촌리宮村里, 광암리廣岩里, 배기리盃基里, 무수동無愁洞, 백월리白月里, 산성리山城里, 마산리馬山里, 차산리車山里, 시우리時雨里, 남상리南上里, 남중리南中里 (18개 리)
초부면草阜面	삼봉리三峯里, 중리中里, 조동리鳥洞里, 마현리馬峴里, 봉안리奉安里, 평촌리坪村里, 진촌리鎭村里, 고랑리皐浪里, 능내리陵內里 (9개 리)
와공면瓦孔面	율북리栗北里, 덕소리德沼里, 도심리陶心里, 월곡리月谷里, 적실리赤室里, 도산리陶山里, 문곡리文谷里 (7개 리)
미음면渼陰面	수변리水邊里, 석실리石室里, 가재리加在里, 지사리芝沙里, 석도리石島里, 조운리朝雲里, 금교리錦橋里, 도농리陶農里 (8개 리)
금촌면金村面	일패리一牌里, 이패리二牌里, 삼패리三牌里, 사패리四牌里 (4개 리)

4. 일제시기 남양주지역의 행정구역

면 명	리 명	개편 내용
화도면和道面	묵현리墨峴里	하도면下道面 직동直洞, 상도면上道面 묵동리墨洞里
	녹촌리鹿村里	하도면 녹동리鹿洞里, 궁촌리宮村里 일부
	창현리倉峴里	하도면 마산리馬山里·장현리獐峴里·월길리月吉里·무수동無愁洞, 산성리山城里·궁촌리宮村里 각 일부
	차산리車山里	하도면 광암리廣岩里·맹곡리孟谷里, 맹기리孟基里·차산리車山里 일부
	마석우리 磨石隅里	하도면 산성리山城里 일부, 계전리鷄田里
	금남리琴南里	하도면 남중리南中里·남하리南下里, 남상리南上里·백월리白月里, 상도면·답동리畓洞里 각 일부
	가곡리嘉谷里	상도면 가곡리嘉谷里
	운수리雲水里	상도면 석수대리石水臺里·당두평리唐豆坪里·운하리雲霞里, 장천리長川里 일부
	송천리松川里	상도면 송라동松蘿洞, 장천리長川里·등경동燈檠洞 각 일부
	구암리九岩里	상도면 전의동典儀洞·응암리鷹岩里·구곡리九谷里, 답동리畓洞里·하도면 남상리南上里 각 일부
	답내리畓內里	상도면 내동리內洞里, 답동리畓洞里 일부
	월산리月山里	상도면 등경동燈檠洞 일부, 세월산리細月山里·점막리店幕里
	지둔리芝屯里	상도면 지둔리芝屯里
별내면別內面	고산리高山里	내동면內洞面 입암리笠岩里, 고산리高山里 일부
	산곡리山谷里	내동면 산곡리山谷里, 고산리高山里·별비면別非面 흑석리黑石里 각 일부
	청학리靑鶴里	별비면 동학동東鶴洞, 응달리應達里·흑석리黑石里·덕동리德洞里 각 일부
	용암리龍岩里	별비면 도감리都監里·거묵동巨墨洞
	덕송리德松里	별비면 식송리植松里·묘동리廟洞里, 덕동리德洞里 일부
	화접리花蝶里	별비면 삼안리三安里·화접동花蝶洞·간촌리間村里·노원면蘆原面 불암리佛岩里
	퇴계원리 退溪院里	별비면 퇴계원리退溪院里·전도리全道里·진관면眞官面 본진관리本眞官里 각 일부
	광전리廣田里	별미면 마전리麻田里·광암리廣岩里, 응달리應達里 일부
진접면榛接面	진벌리榛伐里	진벌면榛伐面 진벌리榛伐里·중리中里, 검단리黔丹里 일부
	수산리水山里	진벌면 수막동水幕洞·내마산리內馬山里
	팔야리八夜里	진접면 팔야리八夜里, 검단리黔丹里 일부

	금곡리金谷里	진벌면 금곡리金谷里 · 주곡리周谷里
	부평리富坪里	진벌면 후평리後坪里, 접동면接洞面 본접동리
	연평리蓮坪里	접동면 궁동리宮洞里, 와촌리瓦村里 · 중포리中浦里 · 비각리碑閣里 · 내동리內洞里 · 봉현리蜂峴里 · 건천면乾川面 양지리陽地里 각 일부
	장현리長峴里	접동면 장승리長承里 · 전동리全洞里, 봉현리蜂峴里 · 중포리中浦里 각 일부
	내각리內閣里	접동면 찬현리縣倉里, 비각리碑閣里 · 봉현리蜂峴里 · 내동리內洞里 각 일부
	내곡리內谷里	별비면 내곡리內谷里 · 영지동靈芝洞 · 동촌리東村里 · 서촌리西村里, 전도리 일부
진건면眞乾面	팔현리八賢里	건천면乾川面 팔현리八賢里
	오남리梧南里	건천면 어남상리於南上里 · 어남하리於南下里 · 오산리梧山里, 단곡리丹谷里 일부
	송능리松陵里	건천면 송정리松亭里 · 성능리成陵里 · 상독정리上獨井里 각 일부
	용정리龍井里	건천면 하독정리下獨井里, 오룡동五龍洞 · 상독정리 각 일부
	사능리思陵里	선천면 식동리植洞里 · 점막리店幕里, 오룡동五龍洞 · 성능리成陵里 · 진관면 신촌리新村里 각 일부
	양지리陽地里	건천면 양지리陽地里 · 단곡리丹谷里 · 접동면 중포리中浦里 각 일부
	신월리新月里	진관면 평촌리坪村里, 월음리月陰里 · 신촌리新村里 · 접동면 와촌리瓦村里 각 일부
	진관리眞官里	진관면 법동리法洞里, 본진관리 · 월음리月陰里 · 신촌리新村里 각 일부
	배양리培養里	진관면 고현리高峴里, 배양동培養洞 · 미음면渼陰面 도농리陶農里 각 일부
와부면瓦阜面	율석리栗石里	와공면瓦孔面 율북리栗北里 · 석실리石室里 각 일부
	덕소리德沼里	와공면 덕소리德沼里, 석실리石室里 · 월곡리月谷里 · 금촌면金村面 사패리四牌里 각 일부
	도곡리陶谷里	와공면 도산리陶山里 · 도심리陶心里
	월문리月文里	와공면 문곡리文谷里, 월곡리月谷里 · 하도면 맹기리孟基里 · 차산리車山里 각 일부
	능내리陵內里	능내리陵內里, 초부면草阜面 봉안리奉安里 · 마현리馬峴里 각 일부
	조안리鳥安里	초부면 조동리鳥洞里 · 고랑리皐浪里, 마현리馬峴里 · 진촌리鎭村里 각 일부
	진중리鎭中里	초부면 중리中里, 진촌리鎭村里 일부
	송촌리松村里	초부면 평촌리坪村里 일부, 송송동松松洞
	삼봉리三峰里	초부면 삼봉리三峰里, 평촌리坪村里 · 하도면 백월리白月里 각 일부
	시우리時雨里	하도면 시우동時雨洞
	팔당리八堂里	광주군廣州郡 동부면東部面 팔당리八堂里

미금면渼金面	도농리陶農里	미음면 도농리陶農里·금교리錦橋里·가재동加在洞·구지면九旨面 인장리仁章里 각 일부
	지금리芝錦里	미음면 지사리芝沙里, 진교리·진관면 배양동培養洞 각 일부
	가운리加雲里	미음면 조운리朝雲里, 가재동加在洞·도농리陶農里·석실리石室里·금촌면 삼패리三牌里 각 일부
	수석리水石里	미음면 석실리石室里·수변리水邊里·석도리石島里 각 일부
	삼패리三牌里	금촌면金村面 삼패리三牌里·사패리四牌里·와공면 석실리石室里 각 일부
	이패리二牌里	금촌면 삼패리三牌里·와공면 율북리栗北里 각 일부
	일패리一牌里	금촌면 이패리二牌里, 일패리一牌里 일부
	금곡리金谷里	금촌면 일패리一牌里·건천면 송정리松亭里 각 일부
	평내리坪內里	상도면 궁촌리宮村里·장내리墻內里 각 일부
	호평리好坪里	상도면 호만리好滿里·평동리坪洞里·지사리芝沙里, 궁촌리宮村里·장내리墻內里 각 일부

5. 남양주시 행정구역 현황

읍면동	관할 구역
와부읍	덕소리, 도곡리, 팔당리, 월문리, 율석리
진접읍	장현리, 내각리, 내곡리, 연평리, 부평리, 팔야리, 진벌리, 금곡리
화도읍	마석우리, 묵현리, 가곡리, 구암리, 금남리, 창현리, 답내리, 월산리, 녹촌리, 차산리
별내면	청학리, 용암리, 광전리, 덕송리, 화접리
퇴계원면	퇴계원리
진건읍	사능리, 배양리, 진관리, 신월리, 용정리, 송능리
수동면	운수리, 지둔리, 송천리, 수산리, 내방리, 외방리, 입석리
조안면	능내리, 조안리, 진중리, 송촌리, 삼봉리, 시우리
오남읍	양지리, 팔현리, 오남리
호평동	호평동
평내동	평내동
금곡동	금곡동
양정동	일패동, 이패동, 삼패동(이상 법정동)
지금동	가운동, 수석동, 지금동(이상 법정동)
도농동	도농동

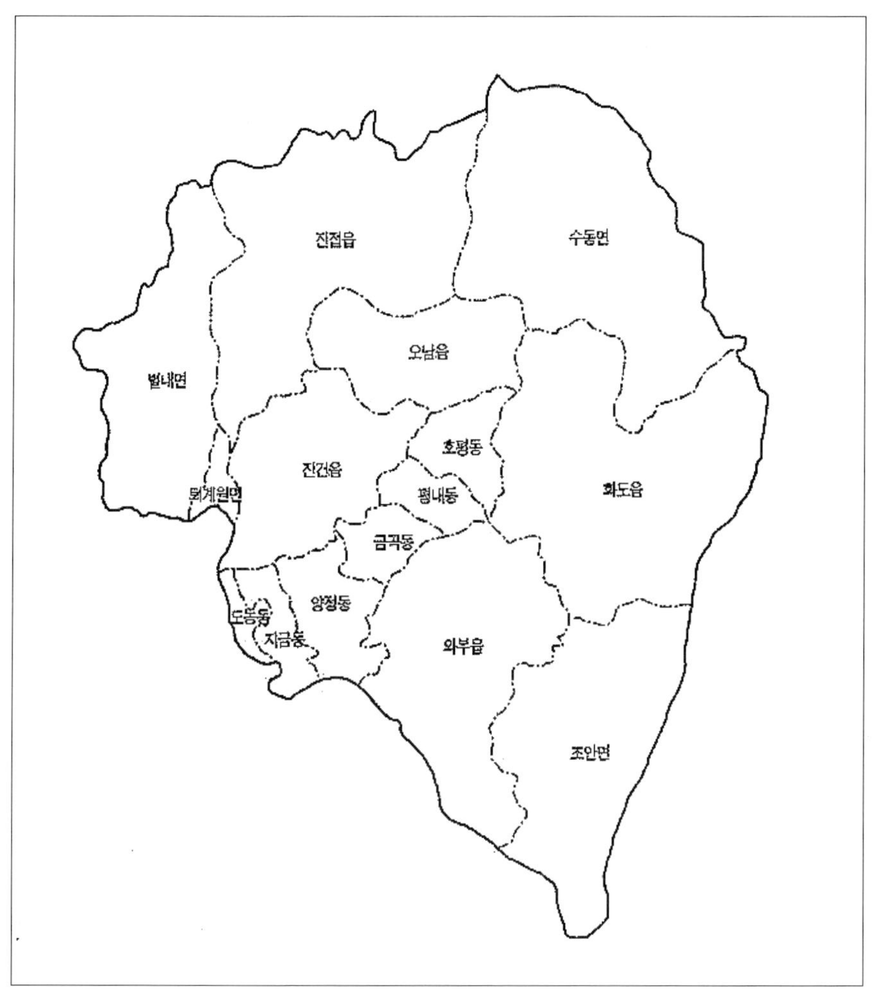

남양주시 행정구역도

남양주 각 지역

1. 와부읍瓦阜邑

본래 양주군 와공면瓦孔面 지역으로, 1914년 4월 1일 행정구역 통폐합에 따라 당시 와공면 율북·석실·덕소·월곡·도산·도심·문곡, 초부면草阜面 봉안·마현·능내·조동·고랑·진촌·중리·평촌·송송·삼봉, 하도면 시우·배기·차산·백월의 각 일부와 금촌면 사패리 일부와 동부면東部面의 팔당리를 병합하여 와부면이라 칭하였으며, 이 때 율석, 덕소·도곡·월문·능내·조안·진중·송촌·삼봉·시우·팔당리의 11개리로 개편·관할하였다.

1940년 2월 14일 조안출장소가 설치되었고, 1980년 4월 1일 양주군에서 남양주군이 신설·분리되면서 남양주군에 편입(법률 제3169호)되었다. 이 해 12월 1일 와부면에서 와부읍으로 승격(대통령령 제10050호)되었다. 이후 1986년 와부읍 조안출장소가 조안면으로 승격되어 분리되고(대통령령 제11874호), 1989년 1월 1일 조안면 시우리 일부와 내치 자연부락을 월문3리로 편입(군 조례 제640호)하였다. 2005년 10월 13일 덕소리·도곡리·팔당리·월문리·율석리 등 5개리를 관할하고 있다.

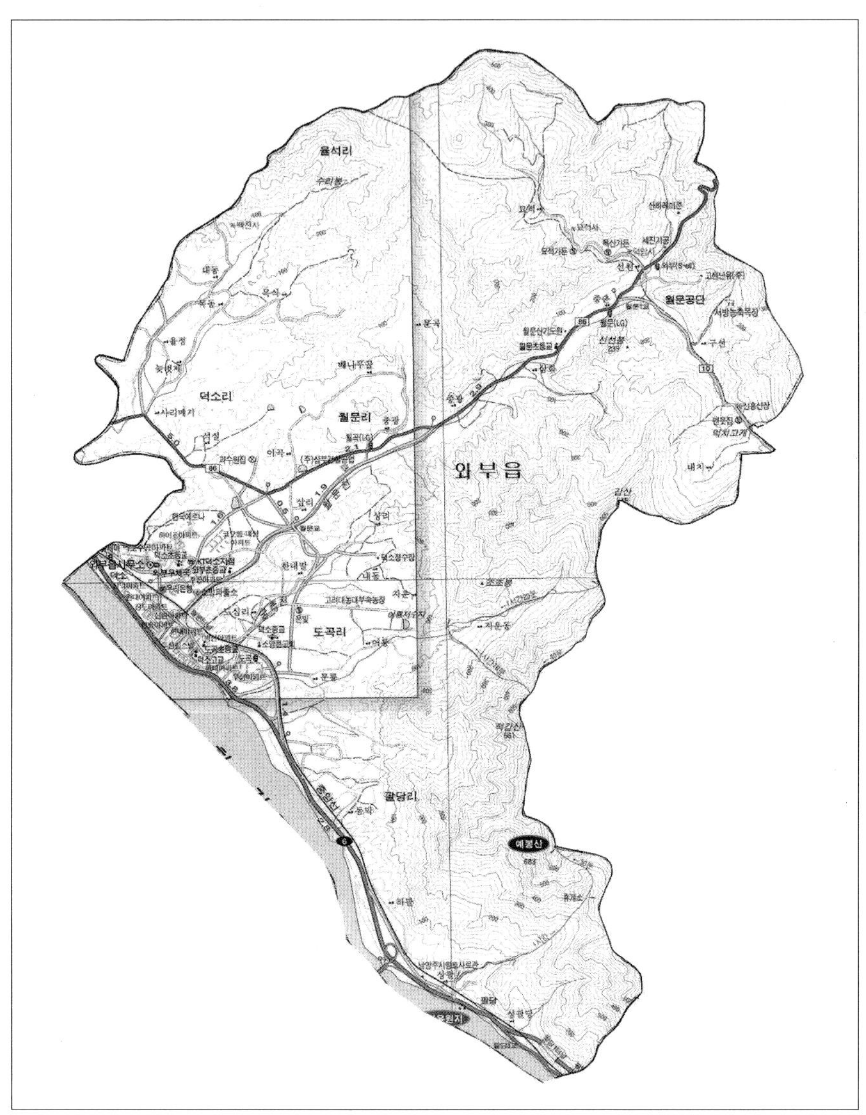

와부읍 지도

1) 덕소리德沼里【리】

　조선시대부터 한말까지 대부분 양주군 와공면 지역으로 1914년 4월 1일 행정구역 통폐합에 따라 와부면 덕소리가 되었다. 1980년 12월 1일 와부면이 읍으로 승격되면서 이에 편제되었다.

- **덕소**德沼**[덕소, 떡수]【마을】** 구한말 한강물이 큰 못沼을 이루어 덕소라 했다.
- **신촌**新村**[새말]【마을】** 1925년 을축년 홍수로 원덕元德부락이 침수되자, 마을 주민들이 넓은 곳으로 집단 이주하여 생긴 마을이다.
- **장터거리[우시장]【마을】** 새말 동쪽에 있는 마을. 4일, 9일에 5일장이 있었음.
- **점**店**말【마을】** 장터거리 북쪽에 있는 마을. 옹기점이 있었음.
- **덕소초등학교【학교】** 1924년 6월 5일 덕소공립보통학교로 인가. 1924년 10월 24일 덕소공립보통학교로 개교. 덕소리 488번지 위치.
- **덕소교회【교회】** 1939년 창립. 덕소리 456-16번지 위치.
- **덕소역【역】** 1939년 4월 1일 간이역으로 영업을 개시하였으며, 덕소리 590-17번지 위치.
- **율계**栗溪**[뱅깨, 말무더미]【마을】** 말을 묻은 곳에다 집을 지었다하여 '말 무덤이'로 불리다가 '율계'로 개칭되었다. 덕소 남쪽에 있는 마을. 큰 무덤이 있음.
- **덕소장**德沼場**【장시】** 덕소리에 있었던 장으로 1960년대에는 4일·9일에 장이 섰으나 1980년대에 사라짐.
- **금대산**金垈山**[쇠터산, 송장산]【산】** 율계 동남쪽에 있는 산으

로 덕소리와 도곡리의 경계에 있다. 해발 90.6m. 금이 났다함.

- **금대산고개[보리고개] 【산】** 통수고개와 양천다리 사이에 있다. 덕소리와 도곡리의 경계로 금대산에 있는 고개라서 금대산고개라 한다.
- **원덕元德[굴덕소] 【마을】** 덕소의 원마을. 한강의 큰 섬이 있는 곳이라 하여 원덕부락이 되었다.
- **신앙촌信仰村[시온] 【마을】** 구덕소 남쪽에 있는 마을. 1962년부터 박장로 교회 신자들이 모여 마을을 이룸.
- **천부교회 【교회】** 1955년 창립. 덕소리 528번지 위치.
- **사계砂溪[새루] 【마을】** 김金·박朴·윤尹의 삼성이 촌락을 이루어 조오루鳥梧樓(새루)하고 하다가 후에 모래와 같이 모여 부락을 이루었다 하여 사계부락이라 하였다.
- **덕소저수지 【못】** 덕소리 사계砂溪에 있는 저수지.
- **원수고개 【고개】** 새우에서 석실로 넘어가는 고개로, 다른 고

석실서원묘정비, 취석비, 송백당유허비 ⓒ 김준호

개보다 넘어가기가 힘든 곳이라 하여 이렇게 불린다.

- **석실**石室[**적실**賊室] 【마을】 약 400년 전 청음淸陰 김상헌金尙憲 선생이 '적실'이란 이름은 적실賊室로 도적의 소굴을 의미하는 이름으로 오해될 염려가 있으며, 부락에 돌이 많다 하여 석실로 고쳤다 한다.
- **도산정사지**陶山精舍址 【택지】 김상헌의 묘소 아래에 있었던 정자.
- **김번**金璠 **묘 및 묘갈** 【묘】 조선 전기의 문신. 덕소리 석실마을 산5번지 위치.
- **김극효**金克孝 **묘 및 신도비** 【묘】 조선 중기의 문신. 덕소리 석실마을 산5번지 위치.
- **김대효**金大孝 **묘 및 묘표** 【묘】 조선 전기의 문신. 덕소리 석실마을 산5번지 김상헌 묘역 우측 20m 지점 위치.
- **김상헌**金尙憲 **묘 및 묘비** 【묘】 조선 중기의 문신. 덕소리 석실마을 산5번지 위치. 경기도 기념물 제100호.
- **김상용**金尙容 **묘 및 신도비** 【묘】 조선 중기의 문신. 덕소리 석실마을 산6번지 위치. 경기도 기념물 제99호.
- **김상용 충효정문**金尙容忠孝旌門 【정문】 우의정을 지낸 김상용金尙容 충효정문.
- **김광찬**金光燦 **묘 및 신도비** 【묘】 조선 중기의 문신. 덕소리 석실마을 산5번지 김상헌 묘 바로 아래 위치.
- **김수증**金壽增 **묘** 【묘】 조선 중기의 문신이며 서예가. 덕소리 석실마을 산6번지 위치.
- **김창협**金昌協 **묘** 【묘】 조선 중기의 학자로 숙종 묘정에 배향, 양주 석실서원, 영암의 녹동서원에 제향됨. 덕소리 석실마을 산6번지 위치.
- **김세민**金世敏 **묘** 【묘】 조선 초기 문신. 정종의 2녀 숙신옹주淑愼翁主와 결혼. 덕소리 산39-6번지 위치.

- **득수리고개[득실이고개]** 【고개】 옛날에 양반이 많이 살던 곳이었고 한양으로 가는 길목이었는데, 이곳으로 수레를 끌고 지나갈 때 그 소리가 시끄러워서 양반들이 수레를 들고 지나갔다고 해서 '득수리고개'로 불린다.
- **예봉산**禮峯山 【산】 와부읍 팔당리와 조안면 조안리, 진중리에 걸쳐 있는 산. 사랑산이라 불러왔고, 옛 문헌에는 예빈산禮賓山, 예봉산禮峰山으로 기록되어 있던 것이 『조선지지자료』에 예봉산禮峯山으로 나타나 있는 것으로 보아 일제강점기에 오늘의 이름이 된 것으로 추측된다. 수림이 울창하여 조선시대에는 인근과 서울의 땔깜을 대주던 연료공급지였다. 해발 683m.
- **갑산**甲山 【산】 와부읍 도곡리와 시우리 경계에 있는 산. 해발 545m.

2) 도곡리陶谷里 【리】

조선시대부터 한말까지 대부분 양주군 와공면 지역으로 1914년 4월 1일 행정구역 통폐합에 따라 도산리와 도심리를 병합하여 도곡리라 칭하고, 1980년 12월 1일 와부면이 읍으로 승격되면서 이에 편제되었다.

- **도곡**陶谷[도골] 【마을】 본래 도공리陶孔里라 불렸는데, 부락의 뒤 예봉산에 도기 공장이 있어 100여 년 전부터 도곡리라 하였다.
- **재래비골** 【골】 도곡리에 있는 골짜기.
- **작은 재래비골** 【골】 재래비골의 작은 골짜기.
- **해골** 【골】 도곡리에 있는 골짜기.

- **요골【골】** 도곡리에 있는 골짜기.
- **도심陶心【마을】** 도골 중심에 있는 마을.
- **상리上里【마을】** 맨 윗동네라 하여 상리라 함.
- **거목골【마을】** 상리 서쪽에 있는 마을.
- **도골고개【고개】** 상리에서 월문리 중막으로 넘어가는 고개.
- **버리고개【고개】** 상리 아래쪽에서 월문리 평촌으로 넘어가는 고개.
- **아랫고개【고개】** 상리에서 월문리 평촌으로 넘어가는 고개.
- **자우고개【고개】** 상리에서 월문리 이곡으로 넘어가는 고개.
- **새재고개【고개】** 적갑산과 예봉산 사이에 있는 고개.
- **새재골【골】** 새재고개 밑에 있는 골짜기
- **성지정聖地井【마을】** 도곡리에 있는 마을. 기독교 신자인 태씨가 살았다 함.
- **궁촌宮村[궁말]【마을】** 경포 동쪽에 있는 마을.
- **내동內洞[안말]【마을】** 상리와 자운동 사이에 위치하여 조그만 산으로 둘러쌓여 안골이라 부르게 되어 내동이 되었다.
- **승지골【골】** 도곡리에 있는 골짜기. 우물이 있음.
- **기와골【골】** 도곡리에 있는 골짜기. 이곳에서 기와를 만들었음.
- **자운紫雲【마을】** 어룡 동쪽에 있는 마을. 운길산과 예봉산 아래에 있어서 항상 구름이 끼어 있어 자운동이라 하였다.
- **도경陶鏡[경석포鏡石浦]【마을】** 경석개였으나 냇가의 바위가 강물에 비쳤다하여 경포가 되었다.
- **문궁文宮【마을】** 문의골과 궁말을 통틀어 일컫는 말.
- **문룡文龍【마을】** 문의골, 궁말, 폭포말을 통틀어 일컫는 말. 1930년 이전에는 문우곡文友谷이었는데 어룡부락과 합쳐서 문룡文龍이 되었다.
- **어룡漁龍【마을】** 옛부터 어변성룡魚變成龍의 전설이 있어 어룡

이 되었다.

- **어룡저수지** 【못】 도곡리 어룡에 있는 저수지.
- **안현군**安賢君 **이성동**李盛同 **묘** 【묘】 정국공신靖國功臣 이성동의 묘. 도곡리 어룡골 위치.
- **구흥군**駒興君 **이원향**李元鄕 **묘** 【묘】 도곡리 어룡골 이성동 묘역 좌측 위치.
- **흥완군**興完君 **이정응**李晸應 **묘** 【묘】 흥선대원군 이하응의 형. 도곡리 산97-1번지 위치.
- **동막**東幕 【마을】 한 사람이 이 부락 동쪽에 초막을 짓고 살기 시작한 동네라 하여 동막부락이다.
- **우묵배미** 【마을】 지형이 우묵하게 들어갔다고 하여 붙인 이름.
- **쑥배미** 【마을】 지형이 쑥 들어갔다고 하여 붙인 이름.
- **동막나루** 【나루】 동막 앞 한강에 있는 마을.
- **쪽섬** 【섬】 동막 서쪽 한강에 있는 섬.
- **메주바위** 【바위】 도곡리에 있는 바위. 메주처럼 생겼음.
- **문곡폭포**文谷瀑布[문우골폭포] 【폭포】 운길산에서 발원하여 장장 5㎞의 계곡이 되어 흐르다가 도곡리에 와서 폭포로 떨어진다. 전설에 의하면 폭포의 깊이가 물속으로 한강과 상통한다고 하였는데, 수년 전 대홍수에 어룡저수지가 파괴되어 폭포의 일부가 매몰되었다.
- **난바위** 【바위】 경포 뒤에 있는 바위. 매우 기이함.
- **적갑산**赤甲山 【산】 와부읍 도곡리와 팔당리, 조안면 진중리에 걸쳐 있는 산. 해발 560m.
- **조조봉**朝照峯 【산】 와부읍 도곡리와 월문리에 걸쳐 있는 산. 해발 524.4m. 양이 붉은 갑옷을 입은 것 같다 함.
- **궁촌천**宮村川 【마을】 조조봉 북쪽 골짜기에서 발원하며 도곡

리에서 한강과 합수.

- **이정응 택지**李晸應宅地【택지】도곡리에 있는 이정응의 집터. 현재 훼손되어 방치.

- **이맹현**李孟賢 **묘 및 신도비**【묘】조선 초기 문신으로 청백리 淸白吏에 녹선. 경기도 기념물 제114호. 도곡리 산45-1 금대산 金大山 중턱에 위치.

- **대산재**臺山齋【사당】조선 초기 문신이자 학자인 이맹현李孟賢 의 재각.

- **세덕사**世德祠 · **도산재**陶山齋【사당】조선 전기의 무신인 박원 종朴元宗의 사당.

- **박원종**朴元宗 **묘 및 신도비**【묘】조선 전기의 무신. 중종반정 으로 정국공신 1등. 중종 묘정에 배향. 도곡리 안골 산31번 지 위치. 경기도 기념물 제170호.

- **박중선**朴仲善 **묘 및 신도비**【묘】조선 전기의 무신. 중종 묘 정에 배향. 도곡리 안골 산31번지 위치.

박원종 묘역 및 신도비 ⓒ 김준호

- **박가흥**朴可興 **묘【묘】** 고려 후기 문신으로 조선 개국 후 우의정에 이르렀다. 도곡리 박중선 묘역 위 위치.
- **박원종 정자지**朴元宗亭子址 **【터】** 조선 전기의 무신인 박원종의 정자가 있었던 곳(어룡마을).
- **이세백**李世白 **묘 및 신도비【묘】** 조선 중기의 문신. 도곡리 산73번지 위치.
- **이인교**李仁敎 **효자정문**孝子旌門 **【정문】** 진사 이인교李仁敎 효자정문.
- **신빈 신씨**信嬪辛氏 **묘【묘】** 태종의 후궁 신빈 신씨 묘. 도곡리 산13번지 위치. 경기도 문화재자료 제105호.
- **고**故 **배순동**裵順童 **충혼비【충혼비】** 도곡리 덕소중학교 정문 입구에 위치하며, 한국전쟁 때 배순동 등 16명의 젊은이가 반공결사대를 조직, 예봉산과 갑산을 중심으로 유격전을 펼쳐 큰 전과를 올렸으며 이 결사대는 1·4후퇴 때까지 많은 전공을 세웠음.

3) 월문리月文里 【리】

조선시대부터 한말까지 대부분 양주군 와공면 지역으로 1914년 4월 1일 행정구역 통폐합에 따라 문곡리·월곡리와 하도면 배기리·차산리의 일부를 병합하여 월문리가 되었으며, 1980년 12월 1일 와부면이 읍으로 승격되면서 이에 편제되었다.

- **월문**月文 **【리】** 구한말 '달동배'와 '시우리'를 합쳐 '월곡月谷'이라 하다가 일제 말기 시우리時雨里를 제외하고 '달이골'을 합하여 월문리라 라였다.
- **월문초등학교【학교】** 1952년 덕소초등학교 월문분실로 개교.

1975년 3월 1일 월문국민학교로 독립. 월문리 269-1번지 위치.

- **골메기[골매]** 【골】 월문리에 있는 골짜기.
- **괭맹골** 【골】 월문리에 있는 골짜기.
- **마골** 【골】 월문리에 있는 골짜기.
- **매봉재** 【산】 월문리에 있는 산. 매사냥을 하였음.
- **바래미골** 【골】 월문리에 있는 골짜기.
- **방두너머골** 【골】 월문리에 있는 골짜기. 망주석이 많음.
- **삼태골** 【골】 월문리에 있는 골짜기.
- **쇠죽골** 【골】 월문리에 있는 골짜기.
- **제비바위** 【바위】 월문 4리에 있는 바위. 월문천 북쪽과 버리고개 동쪽에 있다. 제비가 집을 짓고 새끼를 침.
- **제비바위 골** 【골】 제비바위가 있는 골짜기
- **토우물** 【우물】 월문리에 있는 우물. 집터가 있음. 광양이 저수지와 골안 북쪽에 있다. 현재 군부대가 주둔하고 있다.
- **토우물골** 【골】 토우물이 있는 골짜기.
- **평풍바위** 【바위】 월문리에 있는 바위.
- **평풍바위골[수락골]** 【골】 평풍바위가 있는 골짜기.
- **통바위** 【바위】 월문리에 있는 바위.
- **통막골** 【골】 통바위가 있는 골짜기.
- **푸석골** 【골】 월문리에 있는 골짜기.
- **하고개** 【고개】 월문리에 있는 고개. 평촌에서 도곡으로 넘어가는 고개이다.
- **하네기골** 【골】 월문리에 있는 골짜기.
- **예개골[예계골]** 【골】 월문리에 있는 골짜기.
- **황새바위** 【바위】 월문리에 있는 바위. 배나무골과 아랫다리골 사이에 있다.
- **평촌坪村[벌말]** 【마을】 월문리 하단에 있고, 벌말이라 불린다.

- **배나무골**【마을】벌말 북쪽에 있는 마을. 배나무가 있었음.
- **점골**【골】벌말 뒤에 있는 골짜기. 옹기점이 있었음.
- **시무의숙**時務義塾 **터**【학교】판서 홍순형洪淳馨이 개화기 민족 교육을 시키기 위해 세운 학교터.
- **중광**中光[**다리골**]【마을】월문리 중간에 있으며 윗다리골로 불려왔다.
- **굴바위**【바위】중광 앞에 있는 바위.
- **이곡**梨谷[**배나무골**]【마을】1907년 행정구역 개편으로 '배나무골'과 '골안'이 합쳐져 이곡이 되었다.
- **골안**【마을】배나무골 안쪽에 있는 마을.
- **배나무골못**[**이곡못**]【못】배나무골에 있는 못.
- **문곡**文谷[**글개울, 글계울**]【마을】조선 말기에 문곡이라는 호를 가진 선비가 살아서 글계울이라 불리다가 문곡이 되었다.
- **홍순형 택지**洪淳馨宅地【택지】월문5리 글계월에 있는 판서 홍순형이 태어나고 죽은집이다.
- **배나무골**【골】글개울 서남쪽에 있는 골짜기. 돌배나무가 있었음.
- **아랫말**【마을】글개울 아래쪽에 있는 마을.
- **이르네미**【마을】글개울 위쪽에 있는 마을.
- **이르네미고개**【고개】글개울에서 이르네미로 넘어가는 고개.
- **삼화**三和[**음달말**]【마을】본래 음달말이라 하였으며, 170여 년 전에 김해 김씨金海金氏가 살기 시작했고 일제 때부터 삼화라 불렀다. 주막거리 남쪽에 있었고, 음달말, 양지말, 조촌말의 세 마을을 병합하였다.
- **샛말**【마을】주막거리와 삼화 사이에 있는 마을. 주막이 있었음.
- **중촌**中村[**주막거리**]【마을】제일 먼저 살기 시작한 부락으로

약 200년이 넘으며 부락이 월문의 중앙이라 '중말' 또는 '주막거리'라 한다.

- **선원**仙元[**원터**]【마을】화도읍 접경에 험한 고개가 있었는데, 옛날에 강원도 방면을 가는 자들이 이 고개를 넘게 되는데, 해가 지면 여기서 쉬어 가는 것이 통례로 되어있으며, 또 원님이 쉬어 갔다하여 원터라 불리다가 일제 때 선원이라 하였다.

- **수레너미고개**【고개】선원에서 화도읍 차산리 앵골로 넘어가는 고개.

- **묘적**妙寂[**묘적골**]【마을】약 1300년 전 신라시대에 학울대사가 초막을 치고 살았다하여, 예부터 화전민火田民이 많이 있었으며 고요하고 묘한 곳이라 하여 묘적이 되었다.

- **하야골**[**해골**]【골】묘적골 북쪽에 있는 골짜기.

- **구선**九仙【마을】옛날 선녀들이 하강하여 목욕하고 하늘로 올라갔다 하여 구선이라 하는데, 지금도 이 마을 앞산에 예봉산이 있으며 산꼭대기에 좋은 우물이 있다.

- **신선봉**神仙峯【산】구선 북쪽에 있는 산. 해발 241m.

- **머치고개**【고개】구선에서 삼화로 넘어가는 고개.

- **월문천**月文川【내】묘적산 남쪽 묘적사 골짜기에서 발원하여 덕소리에서 한강과 만난다. 을축년 대홍수에 갑산의 사태가 나서 나무가 뿌리째 뽑혀 토사와 함께 하천의 중간을 가로질러 막음으로써 냇물이 좌우로 분류되어 양편으로 새로운 하천이 형성되었으며 이 하천을 월문천이라 한다.

- **다리**多里**골**【마을】다리골은 태종의 후손이요, 이인한의 선조인 자가 이곳에 낙향하여 입주한 곳이다. 원래 이곳은 동으로 갑산甲山과 운길산이 솟아있고, 서북으로 천마군봉이 벌려 서 있으며, 중앙은 내가 흘러 한강으로 들어가니 삼면

이 삼봉우리로 둘러싸인 아득한 부락이다. 이곳을 개척하여 옥탑을 만들고 서전경야독書田耕夜讀으로 대대로 살아오니 이씨李氏가 자작일촌하여 당시 사람들이 이씨李氏가 많다하여 다리多里골이라 불었다한다. 일제시대에 월문리로 개칭되었다하니, 인근부락에서는 지금도 여전히 다리골로 부르고 있다.

- **안말 【마을】** 다리골 안쪽에 있는 마을.

- **말등바위[말바위, 마배암馬背岩, 마암馬岩] 【바위】** 이곳의 중심을 흐르는 내는 갑산甲山에서 시작한 맑은 물이다. 월문리 북쪽 길가에 검은 돌로 된 말과 같은 바위가 솟아 있는데 이것을 말바위라 한다. 이 바위의 길이는 12척, 높이는 6척, 너비는 8척인데 멀리서 보면 꼭 말이 서있는 것 같다.

- **신선봉神仙峯 【산】** 와부읍 월문리와 조안면 시우리 경계에 있는 산. 신선이 놀았다 함. 해발 242m.

- **수리산 【산】** 와부읍 월문리와 화도읍 차산리 경계에 있는 산. 해발 360m.

- **고래산[경산鯨山] 【산】** 와부읍 월문리와 화도읍 차산리 경계에 있는 산. 해발 460m.

- **백봉白峯[묘적산妙寂山] 【산】** 와부읍, 화도읍, 금곡동 경계에 있는 산. 해발 589.9m. 묘적사가 있음.

- **묘적사妙寂寺 【사찰】** 묘적산에 있는 호국 사찰로 봉선사의 말사이다. 신라 문무왕 때 원효가 창건했다고 전해지고 있지만 정확한 기록이 없다. 다만『동국여지승람』양주목 불우조에 "묘적사는 묘적산에 있는데 김수온의 기가 있다"는 기록이 있어 조선 초기에도 이 절이 존재했음을 알 수 있다.

묘적사 대웅전과 8각7층석탑 ⓒ 김준호

4) 팔당리八堂里【리】

조선시대부터 한말까지 이 지역은 광주군 동부면 지역으로 1914년 4월 1일 행정구역 통폐합에 따라 양주군 와부면에 편제되었다. 1980년 12월 1일 와부면이 읍으로 승격되면서 이에 편제되었다.

- **팔당八堂[바다이, 바당이, 바대이, 바다나루]**【마을】한강 중류 강변에 위치한 곳으로 강의 양쪽 산세가 험준하고 수려하여 팔선녀가 나와 놀던 자리가 여덟 곳이나 있고 그 자리에 후세에 여덟 개의 당堂을 지어놓았다는 전설로 팔당이라 불렀다.
- **팔당나루[팔당진]**【나루】팔당 앞 한강에 있는 나루터.
- **호랑바위[호암虎岩]**【바위】팔당 동북쪽에 있는 바위.
- **호랑바위고개**【고개】팔당에서 조안면 조안리 조동으로 넘어가는 호랑바위가 있는 고개.
- **상팔上八[웃대바이]**【마을】한강의 흐름을 볼 때 위쪽 부락이

라하여 상팔이라 했다.

- **하팔**下八[아랫바대이] 【마을】 한강의 흐름으로 아래쪽에 있는 부락이라하여 하팔이라 했다.
- **쇠말산**[철마산鐵馬山] 【산】 와부읍 팔당리 조안면 능내리, 조안리에 걸쳐 있는 산. 해발 585m.
- **남양주 향토사료관** 【박물관】 향토사료관은 1998년 12월 19일 조안면 시우리 송촌초등학교 시우분교에서 문을 열었고, 2000년 9월 27일 팔당리 팔당분교를 개조하여 현재의 위치로 이전 개관한 우리나라에서는 유일한 금석문 테마박물관이다.

5) 율석리栗石里 【리】

조선시대부터 한말까지 대부분 양주군 와공면 지역으로 1914년 4월 1일 행정구역 통폐합에 따라 율북리와 석실리의 일부를 통합하여 와부면에 편제되었다. 1980년 12월 1일 와부면이 읍으로 승격되면서 이에 편제되었다.

- **율석**栗石 【마을】 원래 밤栗이 많은 골이라 하여 율곡리였는데, 후에 밤이 없어지고 산골짜기에 돌이 많다하여 율석리가 되었다.
- **눈누지골** 【골】 율석리에 있는 골짜기.
- **솔모루쟁이** 【고개】 율석리에 있는 고개.
- **수누고개** 【고개】 율석리에 있는 고개.
- **승지골** 【골】 율석리에 있는 골짜기.
- **대동**大洞[큰골, 밤디, 율북리] 【마을】 율석리에서 제일 큰 마을.
- **율정**栗亭[밤나무제이] 【마을】 옛부터 밤바위가 무성하게 우거

져 동네를 둘러싸고 있었다 하여 '밤나무정'이라 하였으며 한자화하여 율정이 되었다.

- **늪포재 【마을】** 밤나무제이 서쪽에 있는 늪이 있었던 마을.
- **석실고개[적실고개] 【고개】** 늪포재에서 석실로 넘어가는 고개.
- **차돌고개 【고개】** 양짓말에서 이패동으로 넘어가는 고개. 차돌이 있음.
- **큰고개 【고개】** 밤나무제이에서 월문리 문곡으로 넘어가는 큰 고개
- **목식木植[목식골] 【마을】** 율석리에서 제일 나무가 우거져 깊숙한 곳이라 하여 안골이라 하다가 1914년 행정구역 통폐합 때 목식이 되었다. 큰 굴이 있어 임진왜란 때 목숨을 구하였다 한다.
- **목동木洞[목슴골] 【마을】** 원래 안골이었는데 골이 길고 컸기 때문에 1914년 행정구역 통폐합 때 목동이 생겼다.
- **아랫춤 【마을】** 안골 아래쪽에 있는 마을.
- **웃춤 【마을】** 안골 위쪽에 있는 마을.
- **피사골 【골】** 목식골 북쪽에 있으며, 옛날에 이곳으로 많은 사람들이 피난을 왔었고, 그 피난민들과 군인들이 이곳에서 많이 죽었기 때문에 피난을 와서 죽었다는 의미의 피사골이라 부리게 되었다.
- **율석천栗石川 【내】** 안골 위쪽에 있는 마을. 묘적산 수리봉 남쪽 골짜기이며 하구는 이패동이다.
- **김상준金尙寯 묘 및 신도비 【묘】** 조선 중기의 문신. 율석리 산45번지 위치.
- **김홍복金洪福 묘 및 묘갈 【묘】** 조선 중기 문신. 율석리 193-3번지 위치

2. 진접읍榛接邑

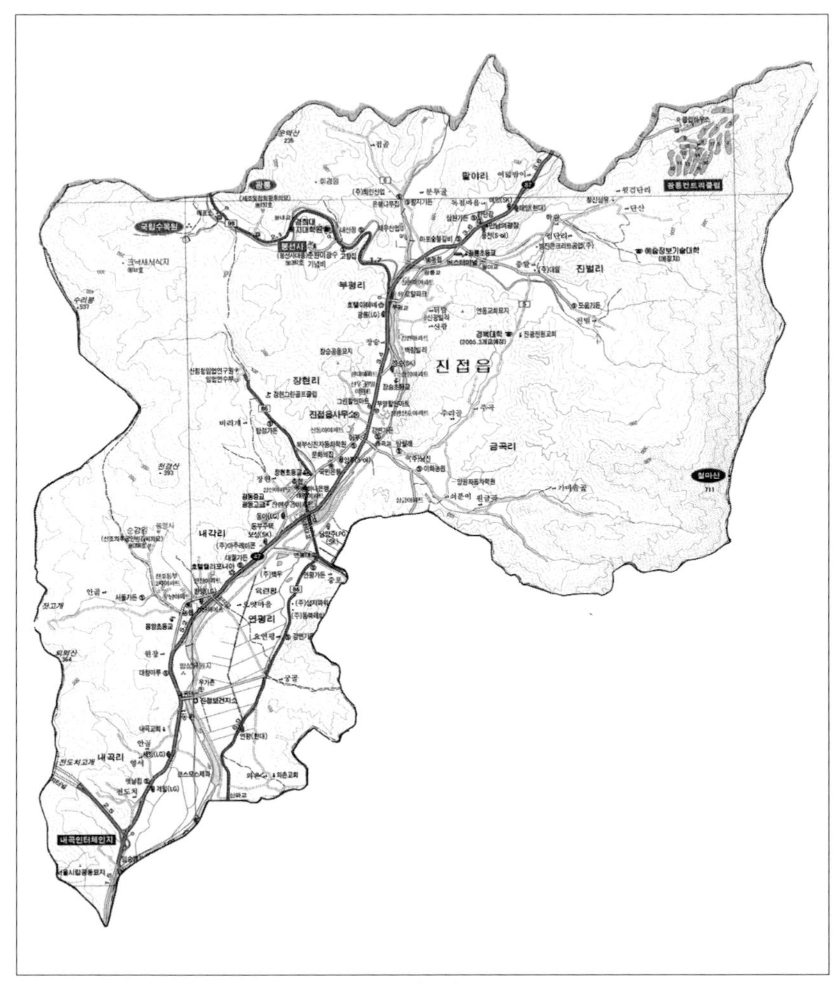

진접읍 지도

본래 풍양현豊壤縣의 지역인데, 1419년(세종 원년)에 양주목楊州牧에 편입되고, 그 뒤에 접동면接洞面이 되어 궁동宮洞·와촌瓦村·중포中浦·전동全洞·현창縣창의 9개 동리를 관할하였는데, 1914년 4월 1일 행정구역 통폐합에 따라 진벌면榛伐面의 진벌榛伐·중리中里·검단黔丹·수막水幕·내마산內馬山·팔야八夜·금곡金谷·주곡周谷·후평後坪의 9개 동리와 별비면別非面의 내곡內谷·영지靈芝·동촌東村·서촌西村·전도리全道里 일부와 건천면乾川面의 양지리 일부를 병합하여 진벌과 접동의 이름을 따서 진접면이라 하여 진벌·수산·팔야·금곡·부평·달평·장현·내각·내곡의 9개 리로 개편 관할하였는데, 1963년 1월 1일 수산리를 수동면에 넘겨주고(법률 제1175호) 1983년 2월 5일 진건면 양지리·오남리·팔현리가 진접면으로 편입되었다. 1989년 4월 집접읍으로 승격되었으며, 1992년 4월 1일 오남출장소가 개설되었다. 1995년 5월 6일 미금시와 남양주군이 통합되어 남양주시로 통합되면서 오남면이 진접읍에서 승격·분리되었다. 현재 장현리·내각리·내곡리·연평리·부평리·팔야리·진벌리·금곡리 등 8개 리를 관할하고 있다.

1) 금곡리金谷里[쇠파니, 쇠푸니, 금곡金谷] 【리】

조선시대부터 한말까지 양주군 진벌면의 지역으로서 1914년 행정구역 통폐합에 따라 주곡리를 병합하여 금곡리라 해서 진접면에 편입되고, 1980년 4월 1일 남양주군에 편입되고, 1989년 4월 1일 진접면이 읍으로 승격되자 이에 편제되었다. 150년 전 철鐵을 파낸 곳이라 하여 쇠파니, 쇠푸니 또는 금곡이라 하였다.

- **가마솥골** 【마을】 쇠푸니 동쪽 골짜기에 있는 마을.
- **간촌**間村[샛말] 【마을】 쇠푸니 서쪽에 있는 마을.

금곡리 3개부락 중 가운데 위치한 곳이기 때문에 비롯된 명칭.

- **독바위** 【바위】 벼락소 옆에 있는 바위. 신감역의 장독대였다 함.
- **뒷들고개** 【고개】 주릿골에서 부평리 뒷들로 넘어가는 고개.
- **벼락소** 【소】 주릿골 남쪽에 있는 소.

금곡리에 신감역이라는 마음씨 나쁜 부자가 살았었는데 어느 날 중이 동량을 구해 쇠똥 한바가지를 퍼주는 것을 본 며느리가 다시 바가지를 씻어 쌀 한바가지를 퍼주니 중이 하는 말이 뒤를 돌아보지 말고 따라오라 하여 뒷산으로 올라가는데 갑자기 뇌성벽력이 나며 폭우가 계속 쏟아지니 겁이나 자기 집을 들여다본 즉 자기 집은 벼락불로 되었다가 폭우가 계속 쏟아지니 상류에 하천둑이 터져 홍수로 인하여 그 집터는 깊은 못으로 변하고 그 부인은 산 중턱에서 돌부처가 되었다 하며 그 가족은 모두 벼락을 맞아 죽었다 한다.

벼락소 전경 ⓒ 윤종일

- **쇠푸니고개【고개】** 가마솥골에서 수동면 수산리 물막골로 넘어가는 고개.
- **아랫말【마을】** 주릿골 아래쪽에 있는 마을.
- **웃말[1]【마을】** 주릿골 위쪽에 있는 마을.
- **웃말[2]【마을】** 간촌 위쪽에 있는 마을.
- **원금곡元金谷【마을】** 금곡리의 원 마을.
- **주릿골[주곡周谷, 주유골]【마을】** 샛말 북쪽에 있는 마을. 3면이 산으로 둘러싸인 골짜기라 하여 주곡이라 함.
- **한상경 사당韓尙敬祠堂【사당】** 조선 개국공신 한상경의 사당.
- **한상경韓尙敬 묘【묘】** 고려 말 조선 초 문신으로 개국공신. 영의정, 서원부원군西原府院君에 봉해짐. 금곡리 산126번지 위치.
- **한계순韓繼純 묘 및 묘갈【묘】** 조선 초기 문신으로 개국공신, 남이의 옥사를 다스리는데 공을 세워 수충보사병기정난익대공신輸忠保社炳幾靖難翊戴功臣에 봉해지고, 청평군淸平君에 봉해짐. 금곡리 산125번지 위치. 경기도 문화재자료 제102호.
- **철마산鐵馬山【산】** 샛금곡리, 진벌리와 수동면 수산리 경계의 해발 720m의 산으로, 대동여지도나 대동지지에는 '검단산黔丹山'이라 표기되어 있다. 현재 마을 사람들은 '검단산'이라 부르지 않고, '철마산'으로 부르며, 철마가 있었기 때문이라는 유래를 말한다. 북족 봉우리인 '검단산'은 '검은산' 또는 '수풀이 우거진 산'이라는 의미를 갖는다. 또한 남쪽 봉우리인 '철마산'은 쇠푸니의 이름 유래와 관련이 되어서 '쇠를 캐는 광산'과 관계가 있는 이름이다. 이렇게 철마산은 남북 봉우리가 달리 불리었던 것으로 보인다. 하지만 1910년대에 지도를 제작하면서 '철마산'만 기록해 놓으면서, '검단산'이라는 이름은 사라지고 두 봉우리를 모두 철마산으로 부르게 된 것으로 추정된다.

- **금곡천**金谷川 【내】 금곡리에서 발원하여 왕숙천과 합류하는 지류이다.

2) 내각리內閣里 【리】

조선시대부터 한말까지 이 지역은 양주군 접동면의 으로서, 1914년 4월 1일 행정구역 통폐합에 따라 현창리, 비각리, 봉현리, 내동리 일부를 병합하여 조선 태조가 함흥에서 돌아올 때 풍양궁에서 머무르는데, 내각이 맞이하러 와 있었으므로 내각리라 하여 진접면에 편입되었다. 1989년 4월 1일 읍으로 승격되자 이에 편제되었다.

- **관논** 【들】 대궐터 앞에 있는 들.
- **내각교**內閣橋 【다리】 내각리에 있는 다리.
- **내동**內洞 【마을】 궐리 동북쪽에 있는 마을.
  태조 이성계가 비각마을에 행궁行宮을 정하고 있을 때 왕비 신덕왕후 강씨神德王后康氏가 임시로 거처하였다고 하여 안마을이라는 뜻의 내동이라 하였다.
- **내동교**內東橋 【다리】 내동에 있는 다리.
- **대궐**大闕터[**구궐지**舊闕址, **비각**碑閣**마을**, **궐리**闕里] 【마을】 내각리에서 으뜸되는 마을.
  ① 풍양궁이 있었음. ② 구궐비가 있음.
  태조 이성계가 정종에게 왕위를 정하고 상왕上王이 되고난 후 태종이 이곳에 도읍을 정했던 곳이라 비각을 세운 후로 비각 마을로 불렸으며 일명 대궐터라 하는데 이는 대궐이 있기 때문임(전에는 새말 → 대궐터).
- **대마당** 【마을】 내각리에 있는 마을. 너른 마당같이 넓게 펼

밤섬 전경 ⓒ 윤종일

쳐져 있어 대마당이라 부른다.

- **동촌**東村【마을】내동 동쪽에 있는 마을.
- **뜀바위[선바위]**【바위】태극정 앞에 있는 바위. 물놀이 할 때 이 바위에서 뛰어 물로 들어감.
- **밤섬**【섬】내각리 앞 왕산내(도 산천)에 있는 섬. 밤나무가 많고, 이단상李端相의 태극정太極亭이 있고, 유원지로 개발되어 경치가 매우 아름다움.

  왕숙천이 흐르고 있는 자연적으로 형성된 19,162평의 섬. 이 곳은 밤나무, 포플러로 숲을 이루고 있고 활터, 탁구장, 보트장이 있다.
- **백현**柏峴[**잣고개, 백고개**]【고개】과거 차편이 없을 때 육로로 양주의 진접, 진건, 화도, 와부 등에서 우회하여 차편을 이용하고 이 고갯길을 등한시하게 되었다. 이 고개는 울창한

잣나무가 창천을 가려 대낮에도 인적이 드문 험한 고개이다.

- **비각**碑閣 【고적】 대궐터에 있는 비각. 비가 둘이 있는데, 하나는 "태조대왕재상왕시구궐유지太祖大王在上王時舊闕遺址"라 하여 1755년(영조 31)에 세우고, 또 하나는 "태조고황제소어구궐유지太祖高皇帝所御舊闕遺址"라 하여 1905년(광무 9)에 세웠는데, 한국전쟁 때 소실된 것을 1959년에 다시 지었음.
- **봉영사**奉永寺 【사찰】 대궐터 북쪽 천점산 기슭에 있는 절로 봉선사의 말사이다. 599년(신라 진평왕 21)에 창건하여 봉인암奉仁庵이라 하다가, 1737년(영조 13) 태전太顚·해청海淸·치학致學 등이 황폐해진 절을 중창하였고, 1755년(영조 31)에 선조의 후궁 인빈 김씨仁嬪金氏의 묘를 원園으로 승격하는 동시에 이 절의 이름을 봉영사로 고쳐서 순강원을 보호하게 하였음.
- **선창고개** 【고개】 궐리에서 선창으로 넘어가는 고개.
- **순강원**順康園 【묘】 봉영사 서쪽에 있는 조선 제14대 선조의 후궁(인조의 할머니)인빈 김씨仁嬪金氏의 묘. 1755년(영조 31년)에 원으로 승격됨. 사적 제356호. 내각리 150번지 소재.
- **의창군**義昌君 **이광**李珖 **묘 및 신도비** 【묘】 선조와 인빈 김씨仁嬪金氏 소생 이광李珖의 묘. 내각리 150번지 소재 순강원 내 인빈 김씨 묘역 위치.
- **알동산[앞동산, 앞섬]** 【산】 앞섬 동남쪽에 있는 작은 산.
옛날 큰 장마에 이산이 가평에서 떠 내려와 이곳에 새 산을 형성하였다. 따라서 가평관원이 매년 이곳에 와서 세금을 걷자, 필요도 없는 산에 세금을 내기가 억울하여 가족끼리 그 이야기를 주고받으며 개槪하는데 그의 손자인 아이가 그 광경을 보고 그 산이 필요 없으니 가져가라고 하자 조부가 손자의 말대로 하였더니 가평에서 다시는 세금을 받으러 오지 않아 자연 면세되었다함. 섬모양이 둥글고, 보통 때는 한쪽으로 물이 흐르고 여름에는 물바다로 건너지 못함.

- **북굴 【골】** 내동 서쪽에 있는 골짜기. 절이 있었음.
- **임송**林松 **【마을】** 옛날에 송림이 무성하였다 하여 임송이라 칭하였다.
- **잣고개 【고개】** 진접읍 내각리 안골에서 별내면 청학리 응달말로 넘어가는 고개. 해발 250m.
- **장구나무[은행나무] 【나무】** 내동에 있는 은행나무.
- **장사바위 【바위】** 내각리에 있는 바위.
- **전도치**專道峙 **【고개】** 진접읍 내곡리 영지동에서 별내면 광전리로, 또 동면 내곡리(전도리)에서 태봉이로 넘어가는 고개이다. 보행으로 다니던 시절에는 전도치 고개 동서 즉 별내면과 진접읍 사이의 오고가는 사람이 많았던 유서 깊은 고갯길이기도 하나 지금은 통행이 별로 없다.
- **절골 【골】** 봉영사가 있는 골짜기.
- **징심석**澄心石 **【바위】** 태극정 앞에 있는 바위. 밑에 맑은 물이 흘러서 이 바위에 앉아 있으면 마을이 깨끗해진다는 뜻으로 우암尤庵 송시열松時烈이 "징심석澄心石" 석 자를 새겼음.
- **태극정**太極亭 **【정】** 밤섬에 있는 정자. 현종 대의 문신 이단상李端相이 학문연구에 힘쓰던 정자. 앞에 징심석鄧心石이 있고, 맑은 물이 흘러 매우 아름다움.
- **풍양궁**豊壤宮 **터 【터】** 대궐 터에 있는 풍양궁의 터. 1400년(정종 2) 11월에 왕이 왕위를 그 아우 태종에게 물려주고, 이곳에 와 있었음. 1402년(태종 2)에 태조가 사랑하는 세자 방석, 방번이 참변을 당하자, 태종을 미워하여 함흥에 가 있다가 4년 만에 박순朴淳의 충언에 감동되어 서울로 돌아오는 길에 이곳에 머무르고 움직이지 아니하므로 내각들이 와서

풍양궁 터 ⓒ 윤종일

모시고 서울로 올라 왔으므로 더욱 유명함. 위치는 내각리 723-21번지로 추정.

- **풍양현지**豊壤縣址 【터】 양주의 풍양현 읍치가 있었던 곳. 위치는 내각리 일대로 추정.

- **풍양초등학교** 【학교】 1953년 1월 19일 장현초등학교 내각분교장으로 설립 인가. 1958년 1월 10일 풍양국민학교로 승격, 독립. 내각리 673번지 위치.

- **현창**縣倉[선창] 【마을】 구궐지 남쪽에 있는 마을. 옛 풍양현의 현창이 있었다함.

- **현창지**縣倉址 【터】 양주의 곡식을 보관하던 창고. 위치는 내각리 489번지로 추정.

- **현창교**縣倉橋 【다리】 현창縣倉에 있는 다리.

- **천견산**天見山[천참산泉站山] 【산】 진접읍 내각리와 장현리 경계에 있는 산. 해발 393m. 정상에 우물이 있음.

- **완원군**完原君 **이유명**李惟命 **묘 및 묘비** 【묘】 조선 후기 문신으

로 선조의 넷째 아들 신성군의 후손. 내각리 내동마을 산8-9
번지 위치.

- **함릉군**咸陵君 **이직**李稷 **묘 【묘】** 영의정에 추증. 내각리 산8-9
번지 완원군完原君 이유명李惟命 묘역 위 위치.
- **이정황**李廷煌 **묘 【묘】** 내각리 산8-9번지 함릉군咸陵君 이직李稷
묘역 위 산등성이 위치.
- **풍산 홍씨**豐山洪氏 **묘역 【묘】** 홍주국, 홍만적, 홍만선의 묘역
으로 신도비가 있다. 내각리 현창지縣倉址 위에 위치한다.

3) 내곡리內谷里[안골, 내곡內谷] 【리】

조선시대부터 한말까지 풍양현豐壤縣이 있던 곳으로서 그 안쪽
이 되므로 안골 또는 내곡이라 하였는데, 조선 때 별비면에 편입
되고, 1914년 4월 1일 행정구역 통폐합에 따라 영지동, 동촌리, 서
촌리, 전도리 일부를 병합하여 내곡리라 해서 진접면에 편입되었
다. 1989년 4월 1일 진접면이 읍으로 승격되자 이에 편제되었다.

내곡리 전경 ⓒ 윤종일

- **기억재고개 【고개】** 영서에서 임숭골로 넘어가는 고개.
- **내곡교**內谷橋 **【다리】** 내곡에 있는 공굴다리.
- **동촌**東村 **【마을】** 역말 동쪽에 있는 마을. 내곡리의 동쪽에 위치한 곳이므로 동촌이라 불린다.
- **봇들[벗들] 【들】** 동촌 앞에 있는 들. 보가 있음.
- **서촌**西村 **【마을】** 역말 서쪽에 있는 마을.
- **섬개 【내】** 동촌 북쪽에 있는 내. 내각리 밤섬 안쪽이 됨.
- **섬갯들 【들】** 섬개 옆에 있는 들.
- **영서**靈西 **【마을】** 영지동과 서촌을 통틀어 일컫는 말. 내곡리의 서쪽에 위치한 곳이어서 서촌이라 불렸으나 그 후 영지동과 서촌을 합하여 영서로 고쳐 부르게 된 것임.
- **영지동**靈芝洞 **【마을】** 내곡 남쪽에 있는 마을.
- **원내곡**元內谷**[안골, 역말, 역촌] 【마을】** 내곡리의 원 마을. 원내곡은 내곡리의 원개척지라 하여 원내곡, 일명 '안골' 또는 '역마을'이라 불린다. 역마을은 조선시대에 역촌으로 지정되었기 때문이며 내곡리의 안쪽에 있기 때문에 원내곡이라 불린다.
- **임송골[임송**林松**] 【마을】** 전두터 남쪽에 있는 마을. 옛날에 송림이 무성 하였다 하여 임송이라 칭하였다.
- **전두치고개[전도현치**全道峴峙**] 【고개】** 안골에서 별내면 광전리로 퇴뫼로 넘어가는 고개. 해발 170m.
- **전두터[전도치**全道峙**, 전도**全道**티, 전도리**全道里**] 【마을】** 전두치고개 밑에 있는 마을.
- **정효공**貞孝公 **이민보**李敏輔 **묘 【묘】** 영서 뒤에 있는 정효공 이민보의 무덤.
- **축동안 【들】** 내곡리 앞에 있는 들. 방축 안쪽이 됨.
- **풍양**豊壤**[역말, 역촌**驛村**] 【마을】** 내곡리에서 으뜸되는 마을.

① 조선 때 풍양현이 있었음. ② 쌍수역이 있었음.

- **풍양들** 【들】 풍양 앞에 있는 큰 돌.
- **내곡교회** 【교회】 1954년 창립. 내곡리 283번지 위치.
- **여경구 가옥** 【가옥】 내곡리 286번지 위치. 중요민속자료 제
  129호.

4) 부평리富平里 【리】

조선시대부터 한말까지 양주군 진벌면과 접동면 지역으로, 1914
년 4월 1일 행정구역 통폐합에 따라 후평, 광릉내, 부동, 접골, 능
안을 병합하여 부토동富土洞과 평촌坪村의 이름을 따서 부평리라
하여 진접면에 편입되었다. 1989년 4월 1일 진접면이 읍으로 승격
되자 이에 편제되었다.

- **갓무소** 【소】 부평리에 있는 소.
- **관골** 【골】 부평리에 있는 골짜기.
- **광릉**光陵 【능】 조선 7대 세조世祖와 세조의 비 정희왕후貞熹王
  后의 능. 사적 제197호. 부평리 산100-1번지 소재.
- **광릉내[광천**光川**]** 【마을】 뒷들 북쪽에 있는 마을.
- **광릉내교회** 【교회】 1906년 창립. 부평리 594번지 위치.
- **광릉장**光陵場 【장시】 부평리에 있는 장시로 4일 · 9일에 열림. 채
  소 · 의류 · 생선 · 공산품이 거래됨.
- **광릉림**光陵林**[광릉숲]** 【숲】 광릉 둘레에 있는 숲. 넓이 3,000ha
  바늘잎나무, 넓은잎나무가 꽉 들어서서 한국에서 유일한 원
  시림 지대로서, 광릉물푸레나무, 광릉갈퀴나무 등 970여종의
  나무와 779종의 풀 따위가 있고, 크낙새 등 772종의 진귀한
  새가 있어 별천지를 이루고 있음.

광릉의 정희왕후릉 전경 ⓒ 윤종일

- **광릉산**光陵山 【산】 광릉이 있는 산.
- **살내벌** 【들】 광릉 앞에 있는 벌판을 말한다. 옛날 차수복이
  라는 사람이 임금이 능에 참배하러 가는데, 부채로 얼굴을
  가리지 않고 그냥 갔다. 이에 임금에 대한 불경의 죄를 지
  었다고 해서 차수복을 동구 밖에서 참수하려 하였다. 그런
  데 차수복은 동구 밖까지 춤을 추면서 끌려갔다. 이 때 마
  침 임금이 능에 참배를 하고 내려오다가 이를 보게 되었다.
  임금은 곧 참수를 당해 죽을 사람이 희한하게 춤을 춘다고
  해서 차수복을 살려주라고 명을 내렸다. 뿐만 아니라 임금
  은 부채도 하사했다. 그리고 이때부터 차수복이 춤을 추었
  던 장소를 임금이 '살려주라'라고 한 연유에서 '살내벌'이라
  부르기 시작했다고 한다.
- **광릉약수**光陵藥水 【약수】 봉선사 뒤에 있는 약샘. 속병에 좋
  다하여 삼짓날, 사월 초파일, 단옷날 때는 더욱 많이 모여들
  어 성황을 이룸.

- **광천光川[광능내] 【내】** 광릉으로 흐르는 내가 이 부락 앞으로 흐른다 하여 부락명을 광릉내라 한 것이며 광천은 광릉내를 줄인 말인데 일반적으로 광릉내라 부름.
- **너구리바위 【바위】** 부평리에 있는 바위. 너구리가 살았음.
- **느지내 【골】** 부평리에 있는 골짜기.
- **능남산陵南山[능앞산] 【산】** 광릉 남쪽에 있는 산.
- **능안[능내陵內] 【마을】** 광릉 서쪽에 있는 마을. 능 안쪽에 위치한 부락이므로 능내라 불린다.
- **달마골[달마동達麻洞] 【골】** 접골 서남쪽에 있는 골짜기.
- **돌틈 【골】** 부평리에 있는 골짜기. 돌이 많음.
- **둥둥소 【소】** 광릉내 서쪽에 있는 소.
- **뒷들[신광新光, 후평後坪] 【마을】** 광릉내 남쪽에 있는 마을. '새광내'를 한자화 한 것. 원지명은 부평리 뒤에 넓은 뜰이 있다하여 '뒷들'이라 부르고 있다.
- **뒷들벌 【들】** 뒷들 앞에 있는 들.
- **말구리고개[마명리고개] 【고개】** 접골에서 포천군 내촌면 마명리 말우리로 넘어가는 고개.
- **망고개[능고개, 넘고개] 【고개】** 봉선사에서 능 안으로 넘어가는 고개. 참봉이 망을 보았다 함.
- **매람 【마을】** 분툿골 서쪽에 있는 마을.
- **못물터[온물터] 【약수】** 부평리에 있는 약물터. 피부병에 좋다 함.
- **무푸레봉 【산】** 부평리에 있는 산.
- **물방아재다리 【다리】** 광릉내 서쪽에 있는 다리, 물방아가 있었음.
- **바깥접골 【마을】** 접골 바깥쪽에 있는 마을.
- **벌말[평촌坪村] 【마을】** 분툿굴 앞벌에 있는 마을.

봉선사의 초파일 ⓒ 윤종일

- **봉선사**奉先寺 【사찰】 광릉 안 서쪽에 있는 사찰로 대한불교 조계종 제25교구 본사이다. 봉선사는 969년(고려 광종 20) 법인국사法印國師 탄문坦文에 의해 창건되었으며, 창건당시에는 운악사雲岳寺라 하였다. 1469년(예종 원년)에 정희왕후의 명으로 광릉을 위하여 세우고, 임진왜란, 병자호란, 한국전쟁 때 각기 불에 탔음. 여러 번 짓고, 여러 번 불에 탔으나 창건 때 만든 종鐘(높이 2.38m, 두께 23cm)이 있어서 보물 제397호로 지정됨.

- **봉선천**奉先川 【내】 운악산 남쪽 골짜기에서 발원하여 부평리로 흘러 왕숙천과 합류한다.

- **분토골[분토동**粉土洞, **부동**富洞] 【마을】 접골 동쪽에 있는 마을. 분토가 났다 함.
  광릉에 세조의 능을 모신 후부터 능지기나 산지기에게 나라에서 토지를 분배해주었다 하여 부동 또는 분토골이라 불리고 있으며 일반적으로 분토골이라 불린다.

- **부엉바위** 【바위】 부평리에 있는 바위. 부엉이가 살았음.
- **부평**富坪 【마을】 부토동과 평촌의 이름을 따서 부평리라 함.
- **부평교**富坪橋 【다리】 부평리에 있는 다리.
- **분툿굴벌** 【들】 분툿굴 서쪽에 있는 들.
- **붉은바위** 【바위】 부평리에 있는 바위. 빛이 붉음.
- **빈양소** 【소】 신광 북쪽 벼랑 밑에 있는 소.
- **사스미고개[절고개]** 【고개】 광릉내에서 봉선사로 넘어가는 고개. 사슴이 많았음.
- **사스미다리[사슴목다리]** 【다리】 사스미고개 밑에 있는 다리.
- **살내벌** 【벌】 광릉 앞에 있는 벌.
- **샛광내** 【마을】 광릉내와 뒷들 사이에 있는 마을.
- **선들산** 【산】 부평리에 있는 산. 바위가 서 있음.
- **설창뒤** 【들】 부평리에 있는 들.
- **설내미고개[서울고개]** 【고개】 능 안에서 장현리 장승으로 넘어가는 고개. 서울로 통함.
- **성짓골** 【골】 능 안 서쪽에 있는 골짜기.
- **성짓골소** 【소】 성짓골에 있는 소.
- **술막[주막거리]** 【마을】 광릉 내 옆에 있는 마을. 주막이 있음.
- **숭애기[승애기]** 【보】 부평리에 있는 보.
- **안접골** 【마을】 접골 안쪽에 있는 마을.
- **암자터** 【골】 부평리에 있는 골짜기. 암자가 있었음.
- **약물터** 【약수】 광릉 앞에 있는 약물터.
- **역다리** 【다리】 부평리에 있는 다리.
- **인기비안** 【골】 능 안 북쪽에 있는 골짜기.
- **작은옹지** 【골】 큰옹지 밑에 있는 작은 골짜기.
- **잣배재[잣고개]** 【고개】 부평리에 있는 고개.

- **장거리 【마을】** 광릉 내에 있는 마을. 장이 섰음.
- **장독바위[장득바위] 【바위】** 부평리에 있는 바위.
- **장막굴 【골】** 광릉 남쪽에 있는 골짜기. 임금이 거동 할 때 장막을 쳤음.
- **적십자마을 【마을】** 광릉내 옆에 있는 마을. 1964년 9월 13일 폭우로 피해를 본 사람들을 적십자사에서 보호하여 이룩됨.
- **절안산 【산】** 봉선사 앞에 있는 산.
- **절터 【터】** 봉선사 뒤산에 신숙주가 지었다는 절의 터.
- **접골[접동接洞] 【마을】** 새능 북쪽에 있는 마을. 조선조 말기에 진접면이 접동면의 관할구역이었던 관계로 접동이라 불린다.
- **제비바위 【바위】** 부평리에 있는 바위. 제비가 새끼를 침.
- **진소 【소】** 광릉 내 서쪽에 있는 소.
- **큰응지 【골】** 부평리에 있는 골짜기.
- **호랑바위 【바위】** 부평리에 있는 바위. 호랑이처럼 생김.
- **호랑이턱굴 【골】** 부평리에 있는 골짜기.
- **휘경원徽慶園[새능] 【원】** 달마골에 있는 정조의 후궁이며, 제23대 순조의 어머니 수빈 박씨綏嬪朴氏의 묘. 사적 제360호. 부평리 267번지 위치.
- **이단상李端相 묘 및 신도비 【묘】** 조선 중기의 학자·문신. 양주의 석실서원石室書院과 인천의 학산서원鶴山書院에 제향. 부평리 산1-1번지 위치.
- **이희조李喜朝 묘 【묘】** 조선 중기 문신으로 이단상李端相의 아들. 인천의 학산서원鶴山書院과 평강의 산앙재영당山仰齋影堂에 봉향. 부평리 산1번지에 위치.

5) 연평리蓮坪里 【리】

조선시대부터 한말까지 이 지역의 대부분은 양주군 접동면에 속해있던 지역인데, 1914년 4월 1일 행정구역 통폐합에 따라 궁동리와 와촌리, 중포리, 비각리, 내동리, 봉현리의 각 일부와 건천면의 양지리 일부를 병합하여 연평리라 해서 진접면에 편입되고, 1989년 4월 1일 진접면이 읍으로 승격되자 이에 편제되었다.

삼연평 평야가 개척되기 전에 토질이 습하고 군데군데 연못이 있었다하여 요연평의 '요'자를 떼어버리고 연평리라 하였다.

- **궁고개[공고개]** 【고개】 궁골에서 오남읍 양지리로 넘어가는 고개.
- **궁골[궁동宮洞]** 【마을】 원머리 북쪽에 있는 마을.
  약 400년 전 조선조의 왕자 복성군福城君 묘가 생긴 후로 궁골이라 하였으며 행정명으로 궁동이라 함.
- **마른개울** 【내】 연평리에 있는 내. 장마 때나 물이 흐르고, 그 외에는 늘 말라 있음.
- **범바위** 【바위】 연평리에 있는 바위.
- **와촌臥村[오얏마을, 와말]** 【마을】 원머루 남쪽에 있는 마을. 기와막이 있었음.
  토질이 기와에 적당하므로 150년 전 기와공장이 있었는데 이를 연유로 와말이라 하다가 발음변화로 오얏마을로 불러지고 있으나 행정상 부락명은 와촌이다.
- **와촌교회** 【교회】 1945년 창립. 연평리 455번지 위치.
- **원머루[원일院一]** 【마을】 궁골 남쪽에 있는 마을. 원집이 있었음.
- **중보개[중포中浦]** 【마을】 궁골 북쪽에 있는 마을.
  임진왜란 때 개척한 요연평야에 흐르는 보의 수로가 가운데로 축제되었다하여 중보개라 불러지고 있으며 한자음으로 중포라 한 것임.

- **풍양**豊壤**들[요연평**蓼蓮坪**, 삼연평**蔘蓮坪**, 연평뜰, 풍양뜰]【들】** 왕숙천을 끼고 드넓게 펼쳐져 있는 들판으로, 현재의 평야로 개간되기 전에는 토질이 습하고 군데군데 있다고 하여 '용연평'이라 불렸다. 연평리에 있는 큰들.

- **목화배기[목화배미]【논】** 예전에 이곳에서 목화를 재배했던 연유로 붙여진 이름이다. 이 곳과 관련된 이야기로, 옛날 어떤 농부가 이곳에 600여 평의 논을 가지고 있었는데, 흉년이 들었을 때 너무나 배가 고파 논 600여 평을 팥죽 세 그릇과 바꿔버렸다는 이야기가 있다.

- **대이산봉수**大伊山烽燧**【봉수】** 포천 잉읍점봉수仍邑岾烽燧로부터 아차산봉수峨嵯山烽燧로 신호를 보내는 중계 역할. 연평리 산 32-1번지 위치.

- **경빈 박씨**敬嬪朴氏 **묘【묘】** 경빈 박씨는 중종반정의 주모자인 박원종의 수양딸. 이른바 작서灼鼠 사건(경빈이 자신의 아들 복성군을 중종의 후계자로 삼기 위해 동궁을 저주하여 죽게 하려했다는 사건)에 의해 복성군福城君과 함께 사사됨.

- **복성군**福城君 **묘【묘】** 중종의 왕자. 이름은 미嵋. 중종의 아들이며, 어머니는 경빈 박씨敬嬪朴氏이다. 현감 윤인범尹仁範의 딸과 결혼.

6) 장현리長峴里【리】

한말까지 양주군 접동면의 지역인데, 1914년 4월 1일 행정구역 통폐합에 따라 장승리, 전동리와 봉현리, 중포리의 각 일부를 병합하여 장승과 봉현의 이름을 따서 장현리라 하여 진접면에 편입되고, 1980년 4월 1일 남양주군에 편입됨, 진접읍의 중심지로서 면사무소, 경찰지서, 우체국, 학교, 시장 등이 있다. 1989년 4월 1일 진접면이 읍으로 승격되자 이에 편제되었다.

장승과 봉현의 이름을 따서 장현이라 하며 1922년 장현 학교가 설립된 후로 점차 가옥이 늘어 부락을 형성하게 되었는데 학교의 이름을 따서 장현 부락이라 하였다.

- **궁안[한들, 대야동**大野洞**] 【골】** 장승배기 북쪽에 있는 골짜기. 영빈묘가 있음.
- **무지골 【골】** 장승배기 서쪽에 있는 골짜기.
- **버리개[봉현**蜂峴**] 【마을】** 버리개고개 밑에 있는 마을.
- **봉현**蜂峴**[버리개] 【고개】** 웃말 남쪽에 있는 고개.
  부락동쪽에 있는 조그마한 고개에 벌집이 있어 오가는 사람은 벌 때문에 그곳을 피해 다녔다는 말이 있는데 그 후로는 버리개로 불리어졌다고 하여 부락명이 봉현이 되었다.
- **번개교 【다리】** 장현리에 있는 다리.
- **아랫말 【마을】** 버리개(마을) 아래쪽에 있는 마을.
- **웃말 【마을】** 버리개(마을) 위쪽에 있는 마을.
- **용바위 【바위】** 장승배기 북쪽에 있는 바위. 옛날 진벌리에서 용마가 나왔는데, 탈 장수가 없어서 이 바위에 와서 올라가 자국을 남기고 용소에 빠져 죽었다 함.
- **용소**龍沼**[용숙깨미] 【소】** 용바위 밑에 있는 소.
  옛 말에 장수가 나면 용마가 난다고 한다. 진벌리에서 용마가 나타나서 용마를 타고 천하에 웅비할 장수가 없음을 알고 때를 만나지 못함을 슬퍼하여 하루는 진벌리 산 34, 78번지 바위 위에서 하늘을 향하여 크게 3번 울더니 발자국을 남기고 용소로 뛰어들어 죽었다 함 그 후부터 용소라 부르며 용소는 바위굴로 되어서 그 깊이는 덕소강으로 이어졌다 하여 한이 없다한다.

- **장승배기[장승**長承**, 매봉재]** 【마을】 전동 북쪽에 있는 마을. 장 승이 박혀 있었음.
- **장승벌** 【들】 장승배기 앞에 있는 들.
- **장터** 【마을】 장현 북쪽, 장터가 있는 마을.
- **장현장**長峴場 【장시】 장현리에 있는 장시로 2일·7일에 장이 섬. 채소·의류·고추·잡화·공산품이 거래됨.
- **3·1운동 기념비** 【기념비】 장현리에 위치하며, 당시 봉선사 승려인 이순재李淳載·김성암金星岩과 이재일李載日 등 주민들 이 주도한 3·1독립운동을 기리는 기념비.
- **전동**全洞**[전골, 정굴]** 【마을】 장현리에서 으뜸되는 마을. 면사 무소, 지서, 우체국들이 있음. 옛날 이곳에 기름진 밭이 많 았다 하여 전골이라 불리다가 전동이 됨.
- **진접교**榛接橋 【다리】 장현에 있는 다리.
- **진접우체국** 【우체국】 1934년 3월 16일 진접우편소로 개소. 1956 년 12월 31일 진접우체국으로 개칭. 장현리 381-17번지에 위치.
- **학교말[장현**長峴**, 학교마을]** 【마을】 버리개 북쪽에 있는 마을. 장현초등학교와 장현중·고등학교가 있음. 5일장이 열린다.
- **장현초등학교** 【학교】 1922년 5월 2일 장현공립보통학교로 개 교. 장현리 379번지 위치.
- **광동중학교** 【학교】 1946년 광동초급중학교 설립 인가. 장현 리 603-5번지 위치.
- **광동종합고등학교** 【학교】 1952년 광동산림고등학교 설립 인 가. 1952년 8월 28일 광동산림고등학교 개교. 1984년 광동종 합고등학교로 교명 변경. 장현리 603-5번지 위치.
- **장현교회** 【교회】 1954년 창립. 장현리 350-1번지 위치.

- **한글산 【산】** 전골 뒤에 있는 산. 한글학회의 산으로서 한글 학자 주시경, 최현배의 묘소가 있음.
- **한힌샘 주시경**周時經 **묘 【묘】** 한글산에 있는 한힌샘 주시경의 무덤. 1960년에 서울시 신사동 고탯골에서 이곳으로 이장하였 다가, 1981년 국립묘지로 다시 옮기고 비와 상석만 남아 있음.
- **외솔 최현배**崔鉉培 **묘 【묘】** 한힌샘 주시경 묘역 북서쪽에 있 는 한글 학자 외솔 최현배 박사의 무덤.
- **영빈 김씨**寧嬪金氏 **묘 【묘】** 숙종의 후궁 영빈 김씨 묘. 사적 제367호. 장현리 산175번지 위치.

7) 진벌리榛伐里[갬벌, 진벌榛伐] 【리】

조선시대부터 한말까지 양주군 진벌면의 지역으로서, 개암나무 가 많은 벌판이므로 갬벌 또는 진벌이라 하여 면 이름까지 되었 는데, 1914년 4월 1일 행정구역 폐합에 따라 중리, 검단리 일부를 병합하여 진벌리라 하여 진접면에 편입되고, 1980년 4월 1일 남양 주군에 편입되고, 1989년 4월 1일 진접면이 읍으로 승격되자 이에 편제되었다.

이곳은 가얌나무가 많았는데 가얌나무를 베어버리고 집을 지어 한 개의 부락을 형성한 곳이어서 가얌벌리라 불렸다하며 진벌리 라 불리게 됨.

- **깊은자리 【들】** 진벌 앞에 있는 들.
- **아래 깊은자리 【들】** 깊은자리 아래쪽에 있는 들.
- **웃 깊은자리 【들】** 깊은자리 위쪽에 있는 들.
- **덕고개[주리골고개] 【고개】** 중말에서 금곡리 주리골로 넘어가 는 큰 고개.

- **멱굴 【들】** 진벌 동남쪽에 있는 들.
- **멱굴고개 【고개】** 멱골 위에 있는 고개.
- **물막골고개 【고개】** 진벌리 갬벌에서 수동면 수산리 물막골로 넘어가는 고개. 해발 710m.
- **상나무배기[상납백이, 상납백들] 【들】** 진벌리에 있는 들. 향나무가 있었음.
- **중말[중립**中立**] 【마을】** 진벌 서쪽에 있는 마을.
- **중마을[중위**中位**] 【마을】** 진벌부락과 부평리 광릉 내 부락의 중간에 위치하였다하여 중마을이라 함.
- **중터 【들】** 중말 서쪽에 있는 들.
- **진벌천**榛伐川 **【내】** 진벌리 쇠푼이고개 동북쪽 골짜기에서 발원하여, 부평리 광천으로 흘러 왕숙천과 합류한다.

8) 팔야리八夜里[여덟밤이, 팔야八夜] 【리】

조선시대부터 한말까지 양주군 진벌면의 지역으로서, 조선 태조가 함흥에 있다가 서울로 돌아오는데, 이곳에 이르니 여덟 밤이 되므로 태조가 '아, 여덟 밤이로구나' 하였다 하여 여덟밤이 또는 팔야라 하였는데, 1914년 4월 1일 행정구역 통폐합에 따라 검단리 일부를 병합하여 팔야리라 해서 진접면에 편입되고, 1980년 4월 1일 남양주군에 편입되었다. 1989년 4월 1일 진접면이 읍으로 승격되자 이에 편제되었다.

- **학림**鶴林**[검단**黔丹**이, 황림동**黃林洞**] 【마을】** 여덟밤이 동쪽에 있는 마을. 옛날 황씨와 임씨의 태성이 살았다 하여 황림동으로 불렸고 일명 학림. 일반적으로 금단이라고 부르는데 이는 부락동쪽의 산이 해 뜰 때에는 검게 보이고 해질 때에는

붉게 보인다하여 생긴 이름.

- **검단이고개 【고개】** 검단이 동쪽에 있으며 수동면 내방리 안마산으로 넘어가는 고개. 해발 630m.
- **검단천**黔丹川 **【내】** 검단이에 있는 내.
- **구석말 【마을】** 팔야리에 있는 마을.
- **끝재말[하촌**下村**] 【마을】** 독점마을 남쪽에 있는 마을. 팔야리의 맨 아래쪽이 됨.
- **너븐들 【들】** 팔야리에 있는 넓은 들.
- **누운고개 【고개】** 검단이에서 포천군 내촌면 음현리로 넘어가는 비스듬히 누운 것 같은 고개.
- **단산**丹山 **【마을】** 검단이 동쪽에 있는 마을. '윗검단'의 명칭이며 세대수가 적어서 현재는 학림과 당산을 합쳐서 하나의 자연부락을 형성하게 된 것임.
- **달바위 【바위】** 팔야리에 있는 바위.
- **달바위산 【산】** 달바위가 있는 산.
- **대답바위 【바위】** 팔야리에 있는 바위. 구멍이 있어서 부르면 대답하는 것 같이 울림.
- **덤바위 【바위】** 팔야리에 있는 바위. 더미로 됨.
- **덤바위산[막설] 【산】** 덤바위가 있는 산.
- **독바위 【바위】** 팔야리에 있는 바위. 독처럼 생김.
- **독점마을[도곡**陶谷**] 【마을】** 검단이 서쪽에 있는 마을. 고려시대 이곳에 독점(옹기점)이 있었다하여 독점마을이라고도 불리지만 세대수가 적어 두 부락을 합쳐 하나의 자연부락을 형성. 옛날 이곳에서 독을 구웠다고 하는데서 유래.
- **매봉산 【산】** 팔야리에 있는 산.
- **문바위 【바위】** 팔야리에 있는 바위. 문처럼 생김.
- **범바위 【바위】** 팔야리에 있는 바위.

- **범박골** 【골】 범바위가 있는 골짜기.
- **사기막골** 【골】 팔야리에 있는 골짜기. 사기를 구웠음.
- **새말**[신촌新村] 【마을】 팔야리에 새로 된 마을.
- **샛말** 【마을】 팔야리에 있는 마을.
- **성지골** 【골】 팔야리에 있는 골짜기.
- **아랫말** 【마을】 검단이 아래쪽에 있는 마을.
- **아재고개**[아작고개, 아지작고개] 【고개】 검단이에서 진벌리 중말로 넘어가는 고개로, 호랑이가 이 고개에서 사람을 '아작'하고 잡아먹었다는 데서 연유한 것이다.
- **양짓말** 【마을】 여덟밤이 양지쪽에 있는 마을.
- **언덕위**[둔덕말] 【마을】 팔야리 언덕 위에 있는 마을.
- **웃검단이** 【마을】 검단이의 위쪽 마을.
- **원팔야**元八夜 【마을】 팔야리의 원 마을. 이태조가 8밤을 주무신 곳.
- **광릉초등학교** 【학교】 1944년 장현초등학교 부평분교장으로 설립 인가. 팔야리 762번지 위치.
- **회골** 【골】 팔야리에 있는 골짜기.
- **황먹골** 【골】 팔야리에 있는 골짜기. 황씨가 살았음.
- **왕숙천**王宿川 【내】
  ① 태종이 형제들을 죽이고 왕위에 오르자 태조는 함흥으로 가버렸고, 이에 태종은 사자를 보내 부친이 돌아오도록 백방으로 노력했으나, 태조는 일체 거절을 하고, 사자들마저 모두 죽여버렸다. 태종은 궁리를 거듭한 끝에 태조의 사부라 할 수 있는 무학대사를 보내어 겨우 태조를 환궁시킬 수 있었다. 이 때 태조가 한양으로 돌아오는 도중, 지금의 팔야리에서 여덟 밤을 자고 갔으므로, 이 마을 이름을 '여덟배미' 또는 팔야리로 부르게 되었고,

이 마을 앞을 흐르는 내를 '왕이 자고 갔다'는 의미로 '왕숙천'이라 부르게 되었다.

② 세조의 광릉 안장 후 선왕이 영숙(깊이 잠든다)한다는 뜻에서 왕숙천이라 한다는데 이곳 마을 사람들은 '왕산내' 또는 '왕산천'이라 부른다. 이 역시 '왕의 산山'과 관련이 있는 이름이다. 1861년 김정호의 대동여지도에 '왕산천王山川'이라 표기되어 있다.

- **엄현천 【내】** 포천군 내촌면에서 발원하며, 팔야리 신촌에서 시작하여 부평리에서 왕숙천과 합류한다.
- **유순柳洵 묘 【묘】** 조선 전기의 문신. 팔야리에 위치.

3. 화도읍^{和道邑}

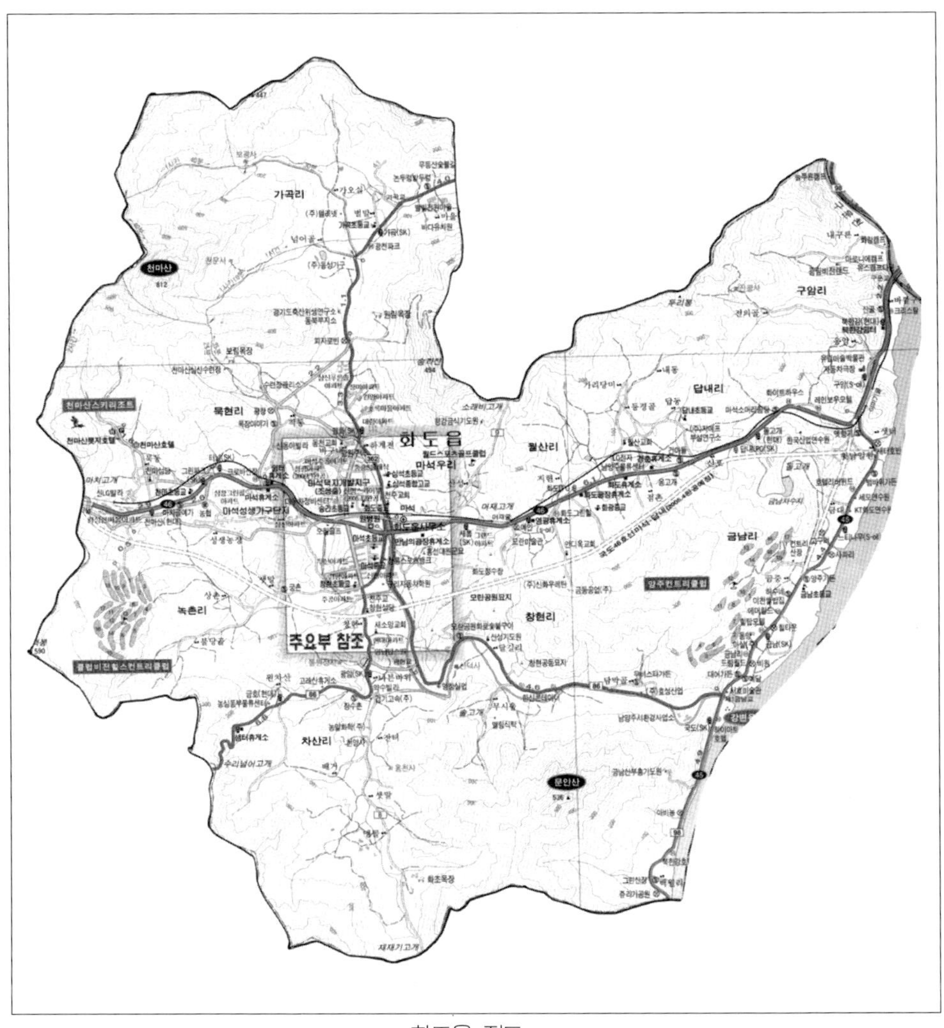

화도읍 지도

상도면上道面·하도면下道面으로 되어 있었는데 1914년 4월 1일 행정구역 통폐합에 따라 상도면에 속한 호평리好坪里를 미금읍漢金邑에 하도면에 속한 시우리와 차산리 일부인 구선동九仙洞을 와부읍瓦阜邑에 편입하였으며 그 잔여 부락을 화도면으로 개칭하였다. 한국전쟁으로 마석우리磨石隅里에 있던 청사가 완전 소실되어 창현리 최영식崔榮埴의 집을 임시청사로 사용 중 1953년 5월에 청사를 원대原垈에 신축하였으며 1964년 1월 1일 행정구역 개편으로 지둔리芝屯里, 운수리雲水里, 송천리松川里의 3개 리를 수동면에 이관하고, 1991년 12월 1일 화도면이 읍으로 승격(남양주군 조례 제810호)되었다. 1995년 1월 1일 도농복합형 남양주시가 발족하자 남양주시에 편입되어 마석우리磨石隅里·묵현리墨峴里·가곡리嘉谷里·구암리九岩里·금남리琴南里·답내리畓內里·월산리月山里·창현리倉峴里·녹촌리鹿村里·차산리車山里 등 10개 리를 관할하고 있다.

1) 마석우리磨石隅里 【리】

조선시대부터 한말까지 양주군 하도면 지역이다. 1914년 4월 1일 행정구역 통폐합에 따라 산성리 일부와 계전리를 병합하여 마석우리라 하여 화도면에 편제되었다. 1991년 12월 1일 화도면이 화도읍으로 승격하자 이에 편제되었다.

- **마석우磨石隅[맷돌모루, 맷돌머루]** 【마을】 이 지역에서 맷돌이 많이 생산되었고 부락의 길이 돌아서 생겼다하여 '맷돌머루'라 하다가 마석우리가 되었다.
- **고장바위** 【바위】 마석우리에 있는 바위.
- **고장바위고개** 【고개】 고장바위가 있는 고개.
- **궁들** 【들】 맷돌모루 앞에 있는 들. 운현궁에서 관할하였음.

- **마석磨石 【마을】** 마석우리에서 으뜸인 마을.
- **마석우리교회 【교회】** 1953년 창립. 마석우리 219-20번지 위치.
- **마석교 【다리】** 마석우리에 있는 다리.
- **마석역 【역】** 1939년 7월 25일 개통. 한국전쟁시 역사 소실. 1958년 1월 9일 준공. 마석우리 292번지에 있는 경춘선 정거장.
- **바구내 【마을】** 마석우리에 있는 마을.
- **바구내들 【들】** 바구내 앞에 있는 들.
- **바구내우물 【우물】** 바구내에 있는 우물.
- **사장터 【터】** 마석우리에 있던 활을 쏘던 터.
- **산제당골 【골】** 산제당이 있었던 마석우리에 있는 골짜기.
- **절굴 【골】** 마석우리에 있는 골짜기. 절이 있었음.
- **진바위모롱이 【모롱이】** 긴 바위가 있었던 마석우리에 있는 모롱이.
- **산성山城[머재, 메재, 산성리] 【마을】** 마석 동북쪽에 있는 마을. 산성부락은 약 400년 전 부락 중앙이 깊숙하고 주위가 산으로 둘러싸여 마치 성城같이 생겼고 사방에 문과 같은 고개가 있어 '머재' 또는 산성이라고 한다.
- **산성교 【다리】** 산성에 있는 다리.
- **머재고개 【고개】** 머재에서 월산리로 넘어가는 고개.
- **머재굴 【굴】** 머재고개 밑에 있는 경춘선의 기차 굴.
- **소래비골 【골】** 머재 북쪽에 있는 골짜기.
- **소래비고개 【고개】** 소래비골 위에 있는 고개.
- **바깥말 【마을】** 경춘선 바깥쪽에 있는 마을.
- **안말[장터] 【마을】** 경춘선 안쪽, 장터가 있는 마을.
- **외촌外村 【마을】** 외촌은 마석우리 바깥쪽 마을이고 내촌內村은 안쪽마을이다.

- **계전**鷄田[아래닭게, 계전리] 【마을】 계전鷄田부락은 이 지역의 금계포란형金鷄抱卵形이라하여 '달게'이라 부르고 한자로 계전이라고 하였다.
- **아래닭겟** 【마을】 닭겟 위쪽의 마을.
- **마석우리장**磨石隅里場 【장시】 마석우리에 있는 장시로 3일·8일에 장이 섬. 채소·의류·잡화·공산품이 거래됨.
- **조지훈**趙芝薰 **묘** 【묘】 경북 영양 출생. 박두진, 박목월과 함께 청록파의 한사람.

2) 묵현리墨峴里 【리】

조선시대부터 한말까지 양주군 하도면과 상도면 지역이다. 1914년 4월 1일 행정구역 통폐합에 따라 하도면의 직동과 상도면의 묵동리를 병합하여 묵현리라 하고 화도면에 편제되었다. 1991년 12월 1일 화도면이 화도읍으로 승격하자 이에 편제되었다.

- **묵현**墨峴[먹고개, 먹갓, 묵동墨洞] 【리】 천마산과 마치고개 밑에 있어서 먹고개, 먹갓 또는 묵동이라 한다. 묵동과 양현兩峴부락의 이름을 따서 묵현리라 하였다.
- **묵현천**墨峴川 【내】 천마산 남쪽 골짜기인 묵현동(먹갓)에서 발원하여 마석우천, 맹동천과 차례로 합류한 후 금남리 신당재에서 북한강으로 유입한다.
- **갓무산** 【산】 먹갓 남쪽에 있는 산. 해발 137m. 갓처럼 생겼음.
- **광무정** 【들】 묵현리에 있는 들.
- **다락골** 【골】 묵현리에 있는 골짜기.
- **덕고개** 【고개】 묵현리에 있는 고개.
- **마치고개** 【고개】 먹갓에서 호평동 구멍터로 넘어가는 고개.

- **마치굴 【굴】** 마치고개 밑에 있는 경춘선의 기차 굴.
- **매봉재 【산】** 매사냥을 하였던 묵현리에 있는 산.
- **분통골[분토골, 분터골] 【골】** 묵현리에 있는 골짜기.
- **행자머리 【골】** 묵현리에 있는 골짜기. 의안대군의 상여가 머물렀던 곳.
- **사당터 【골】** 행자머리 위에 있는 골짜기. 의안대군 이화의 사당이 있었음.
- **쌍골[쌩골, 상골] 【골】** 묵현리에 있는 골짜기.
- **서태님[소탄님] 【골】** 묵현리에 있는 골짜기. 소를 타고 가다가 쉬었던 곳.
- **승지골 【골】** 묵현리에 있는 골짜기.
- **양실턱 【골】** 묵현리에 있는 골짜기. 턱이 졌음.
- **잣동산 【산】** 잣나무가 많은 묵현리에 있는 산.
- **죽너미 【골】** 죽너미고개 밑에 있는 골짜기.
- **죽너미고개 【고개】** 먹갓에서 호평동으로 가는 고개.
- **철뚝너머 【들】** 경춘선 철로 너머쪽에 있는 들.
- **철뚝안 【들】** 경춘선 철로 안쪽에 있는 들.
- **상계전上鷄田[윗닭계] 【마을】** 상계전부락은 계전鷄田부락의 유래와 같으며 '웃달계'이라 불린다.
- **너브네고개 【고개】** 윗닭계에서 가곡리와 수동면으로 가는 고개. 해발 240m.
- **직동直洞[직골] 【마을】** 직동은 마을이 곧게 이루어져 있어 '직골'로 불린다.
- **마석우천磨石隅川 【내】** 천마산 동쪽 산기슭 묵현리 직동골에서 발현하여 묵현리 아랫닭계와 마석우리를 거쳐 창현리에서 합류한다.
- **두고개[양현] 【고개】** 직동 동남쪽에 있는 마을.

- **양현**兩峴[안터, 두고개] 【마을】 양현부락은 부락 앞뒤로 고개가 있어 양현이라 하였으며 '두개'라 불린다.
- **묵동**墨洞[**묵현리, 먹갓**] 【마을】 묵동은 옛날에 검은 갓을 만들었다하여 '먹갓'이라 하여 한자표기로 묵동이라 하였으니 검은 갓은 예부터 사람에게 제일 경사스런 갓이었다고 한다.
- **광현교회** 【교회】 1944년 창립. 묵현리 298-1번지 위치.
- **원지**院址[**안터**] 【마을】 화도면 묵현리 367-5번지는 옛 원터이다. 이곳은 강원도 춘천방면으로부터 한양으로 가는 무인지경無人之境의 대로변이다. 이곳에 원院을 두고 오가는 사람들에게 편의를 제공하였으나 100여 년 전에 폐지되어 지금은 형적도 없고 지명만이 원터로 남아있다.
- **구현준**具賢俊 **충신정문**忠臣旌門 【정문】 조선 중기 무신으로 병자호란 당시 김화전투에서 순절한 구현준의 정문.

3) 가곡리嘉谷里 【리】

조선시대부터 한말까지 양주군 상도면 지역이다. 1914년 4월 1일 행정구역 통폐합에 따라 상도면의 가곡리를 그대로 가곡리라 하여 화도면에 편제되었다. 1991년 12월 1일 화도면이 화도읍으로 승격하자 이에 편제되었다.

- **가곡**嘉谷[**가오실**嘉吾室] 【리】 조선 말기에 가곡대신嘉谷大臣 이유원李裕元이 살던 곳인데 그가 '나의 아름다운 집'이라 하여 가오실嘉吾室이라 한데서 유래한 이름이다.
- **이유원 택지**李裕元宅地 【택지】 가곡리 가오실마을에 있는 이유원의 집터.
- **갈마내** 【마을】 가곡리에 있는 마을.

- **곡골** 【골】 가곡리에 있는 골짜기.
- **궤라리고개[팔현리고개]** 【고개】 가곡리에서 진건읍 팔현리로 넘어가는 고개.
- **독바위** 【바위】 가곡리에 있는 바위.
- **독박골** 【골】 독바위가 있는 골짜기.
- **문바위** 【바위】 가곡리에 있는 바위.
- **베루굴멍** 【골】 가곡리에 있는 골짜기.
- **박달고지** 【산】 박달나무가 많았던 가곡리에 있는 산.
- **보데이고개** 【고개】 가곡리에 있는 고개.
- **북천모퉁이** 【모롱이】 가곡리에 있는 모롱이.
- **사당재** 【산】 가곡리에 있는 산.
- **삼거리** 【마을】 가곡리에 있는 마을. 세갈래 길이 있음.
- **삼봉재** 【산】 세봉우리로 된 가곡리에 있는 산.
- **일호一號** 【마을】 너머말 옆에 있는 마을. 도유림 사업소에서 지어준 제1호가 됨.
- **이호二號** 【마을】 일호一號 옆의 마을. 도유림 사업소에서 지어준 제2호가 됨.
- **삼호三號** 【마을】 이호二號 옆에 있는 마을.
- **수리바위** 【바위】 수리처럼 생긴 가곡리에 있는 마을.
- **안말** 【마을】 벌말 안쪽에 있는 마을.
- **안산** 【산】 가실 앞에 있는 산.
- **양달말** 【마을】 가곡리 양달쪽의 마을.
- **응달말** 【마을】 가곡리 응달쪽의 마을.
- **쥐산** 【산】 쥐처럼 생긴 가곡리에 있는 산.
- **중골** 【골】 절골 북쪽에 있는 골짜기.
- **평풍바위** 【바위】 가곡리에 있는 바위.
- **월곡越谷[너머골, 너먼골]** 【마을】 월곡부락은 '너문골'로 불린다.

보광사 밑 제삼폭 암각문(이유원의 5언절구 시문)

- **너부내고개 【고개】** 범선골에서 묵현리로 넘어가는 고개.
- **능고개 【고개】** 안말에서 월곡으로 넘어가는 고개.
- **범선골 【마을】** 월곡 남쪽에 있는 마을. 범이 있었다 함.
- **벌말[평촌] 【마을】** 안말 서남쪽 벌에 있는 마을.
- **절골 【골】** 벌말 서쪽에 있는 보광사가 있는 골짜기.
- **중골 【골】** 절골 북쪽에 있는 골짜기.
- **운수 【마을】** 벌말 북쪽에 있는 마을.
- **보광사**寶光寺 **【사찰】** 천마산 동쪽 기슭에 위치한 봉선사 말사이다. 949년(정종 4) 혜거국사慧炬國師가 창건했다. 보광사에 대한 기록은 1851년(철종 2)까지 보이지 않아 절의 규모나 사정을 알 수 없다. 이유원이 화담선사華潭禪師를 위해 절을 중건하고 자신의 원찰願刹로 삼았다고 한다.

- **안고래【들】** 월곡 안쪽에 있는 들.
- **송라산**松羅山**【산】** 화도읍 가곡리와 묵현리 경계에 있는 산. 해발 480m. 말(철마)이 있었는데, 일본인이 가져갔음.
- **보광산**寶光山**【산】** 화도읍과 수동면, 진건읍 경계에 있는 산. 해발 680m. 밑에 보광사寶光寺가 있음.
- **가곡천**嘉谷川**【내】** 천마산 북쪽 안말 골짜기와 넘어골 골짜기에서 발원하여 송천리 섬말 앞에서 구운천과 합류.

4) 구암리九岩里【리】

조선시대부터 한말까지 대부분 양주군 상도면 지역이다. 1914년 4월 1일 행정구역 통폐합에 따라 상도면의 전의동·응암리·구곡리와 답동리 일부, 하도면의 남상리 일부를 병합하여 구암리라 하고 화도면에 편제되었다. 1991년 12월 1일 화도면이 화도읍으로 승격하자 이에 편제되었다.

- **구암**九岩**【리】** 구운부락과 응암부락의 이름을 따서 구암리라 하였다.
- **고깔여울【여울】** 구암리 동쪽에 있는 여울.
- **곱생이골【골】** 구암리에 있는 골짜기.
- **멱골【골】** 구암리에 있는 골짜기.
- **상로봉[향로봉]【산】** 구암리에 있는 산. 향로처럼 생겼음.
- **쇠시랑골【골】** 구암리에 있는 골짜기.
- **애장굴【골】** 구암리에 있는 골짜기. 애장이 많았음.
- **용늪【늪】** 구암리에 있는 늪. 용이 하늘로 올라갔다 함.
- **홍수굴【골】** 구암리에 있는 골짜기.
- **작은홍수굴【골】** 홍수굴의 작은 골짜기.

- **큰홍수굴** 【골】 홍수굴의 큰 골짜기.
- **장사바위** 【바위】 구암리에 있는 바위.
- **장승모롱이** 【모롱이】 구암리에 있는 모롱이. 장승이 서 있었음.
- **평풍산** 【산】 구암리에 있는 산. 병풍처럼 생겼음.
- **구운[구른]** 【마을】 구운부락의 유래는 알 수 없고 '안구운'·'바깥구운'의 두 부락이 있다.
- **구른내** 【내】 구른에 있는 내.
- **내구운[안-구른]** 【마을】 구른의 안쪽 마을.
- **외구운[바깥구른]** 【마을】 구른의 바깥 마을
- **구운교** 【다리】 안구른에 있는 경춘선 철로 다리.
- **응암**鷹岩[매바위] 【바위】 응암부락은 부락 모퉁이에 매鷹 모양의 바위가 있다하여 '매바우'라 하며 이를 한자로 표기한 것이다.
- **응암교** 【다리】 응암에 있는 경춘선 철로 다리.
- **진벌**榛伐[갬벌] 【마을】 진벌부락은 개가 꿩을 날게 한 후 매가 이를 쫓게 하는 형상의 부락이며 '갬벌' 또는 '진벌'로 불린다. 가얌 진씨榛氏 성을 가진 사람이 많다하여 '갬벌'이라 한다던가 가얌나무가 많다하여 '갬벌'이라 한다는 전설도 있다.
- **뒷골** 【골】 내구운 뒤쪽에 있는 마을.
- **사기막나루** 【[나루】 갬벌 동쪽에 있는 나루터. 가평군 외서면 대성리 사기막으로 건너감.
- **새터[신기**新基] 【마을】 갬벌 남쪽에 새로 된 마을.
- **전의동**典儀洞[전의골] 【마을】 외구운 서쪽에 있는 마을. 전의동은 전씨田氏가 살았는데 홍씨洪氏가 서울에서 낙향하여 그들의 세도에 밀려 전씨들은 전옥典獄에서 사는 것과 같았다하여 전옥골로 불리다가 전의동으로 변하였다.
- **신대**新垈 【마을】 신대부락은 새 부락이라는 뜻이다.

- **야현**也峴**[야미기고개] 【고개】** 야현부락은 약 200년 전 어떤 풍수가風水家가 묘를 쓰고 야자모양의 고개라 하여 '야미기고개'라 불리며 야현也峴은 한자표기이다.
- **야미기굴 【굴】** 야미기고개 밑에 있는 경춘선 기차 굴.
- **윤급**尹汲 **효자정문지**孝子旌門址 **【정문】** 조선 중기 문신 윤급尹汲의 효자정문.

5) 금남리琴南里 【리】

한말까지 양주군 하도면 지역이다. 1914년 4월 1일 행정구역 통폐합에 따라 남중리 · 남하리와 남상리 · 백월리의 각 일부 그리고 상도면의 답동리 일부를 병합하여 금남리라 하고 화도면에 편제되었다. 1991년 12월 1일 화도면이 화도읍으로 승격하자 이에 편제되었다.

- **금남**琴南 **【리】** 마을의 모양이 거문고를 타고 왕녀王女처럼 생겼으니 산은 왕녀王女로 보고 북한강을 거문고[琴]로 본 것인데, 이 마을이 남향이어서 금남리라 하였다.
- **금남초등학교 【학교】** 1958년 답내초등학교 금남분실로 인가. 금남리 372번지 위치.
- **금남교회 【교회】** 1953년 창립. 금남리 528번지 위치.
- **가미골 【골】** 금남리에 있는 골짜기.
- **갓바위 【바위】** 금남리에 있는 바위. 갓처럼 생겼음.
- **고잔 【마을】** 금남리에 있는 마을.
- **고잔다리 【다리】** 고잔 앞에 있는 다리.
- **당재 【산】** 산제당이 있었던 금남리에 있는 산.
- **댓내[중대천] 【내】** 금남리에 있는 강 큰 내.

- **마돌** 【바위】 금남리에 있는 가장 큰 바위.
- **마돌여울** 【여울】 마돌 아래에 있는 여울.
- **매봉재** 【산】 금남리에 있는 산.
- **물개말[건너말]** 【마을】 금남리에 있는 마을.
- **범바위** 【바위】 금남리에 있는 바위.
- **부엉바위** 【바위】 금남리에 있는 바위.
- **북촌**北村 【마을】 금남리에 있는 마을.
- **사거리** 【마을】 네 갈래의 길이 있었던 금남리에 있는 마을.
- **세경바리** 【들】 금남리에 있는 들.
- **수리바위** 【바위】 수리처럼 생긴 금남리에 있는 바위.
- **승지골** 【골】 금남리에 있는 골짜기.
- **아홉배미** 【들】 금남리에 있는 들. 아홉 배미로 됨.
- **양산** 【골】 금남리에 있는 골짜기.
- **여우골** 【골】 여우가 살았던 금남리에 있는 골짜기.
- **장구늪** 【늪】 장구처럼 생긴 금남리에 있는 늪.
- **절골[절박바우]** 【골】 절이 있었던 금남리에 있는 골짜기.
- **조개늪** 【늪】 조개가 많았던 금남리에 있는 늪.
- **조기저골** 【골】 금남리에 있는 골짜기.
- **종지여울** 【여울】 금남리에 있는 여울.
- **하니골** 【골】 금남리에 있는 골짜기.
- **헌터** 【들】 금남리에 있는 들. 마을이 헐렸음.
- **금대**琴坮[검터] 【마을】 금대부락은 약 400년 전 전씨가 설립한 부락으로 전씨 중에 음율을 좋아하는 고관이 있었는데 매일 거문고를 타고 놀았다하여 '검터'라 하였고 한자화하여 금대琴坮라 하였다.
- **검터나루** 【나루】 검터 동족에 있는 나루터.
- **검터소** 【소】 검터에 있는 연못.

- **고인돌떼[지석묘군]** 【고적】 검터 북쪽에 있는 고인돌 떼. 20여 기가 됨.
- **금대교** 【다리】 금대에 있는 다리. 금남선 개통때 이룩됨.
- **안말** 【마을】 검터 안쪽에 있는 마을.
- **금중琴中[윗남일원, 남상리]** 【마을】 금중부락도 마찬가지인데 가운데 마을이라 금중琴中이라 하였다.
- **돌고개[석현石峴]** 【고개】 윗 남일원에서 답내리 세 개로 넘어가는 고개.
- **돌고개다리** 【다리】 돌고개 밑에 있는 다리.
- **바깥말** 【마을】 윗남일원 바깥쪽에 있는 마을.
- **샛말** 【마을】 남일원과 윗남일원 사이에 있는 마을.
- **안말** 【마을】 윗남일원 안쪽에 있는 마을.
- **금신琴新[남일원, 남하리]** 【마을】 금신부락은 '박마을' 또는 '남일원'이라고도 하는데 약 400년 전 박씨가 많이 살았다는 전설과 약 300년 전 진주 유씨 조상이 이곳에 '남일원'이라는 서재를 짓고 살았다는 전설에서 유래된 이름이다.
- **내미연나루** 【나루】 남일원 동쪽에 있는 나루터. 양평군 서종면 문호리 바치울로 건거감.
- **박말[박촌朴村]** 【마을】 남일원 북쪽에 있는 마을. 박씨가 처음 살았던 곳임.
- **아랫말** 【마을】 남일원 아래쪽에 있는 마을.
- **신당재** 【마을】 신당재부락은 옛날 이 고개에다 신당을 짓고 신을 위位하였다 하여 신당재로 불린다.
- **신당교神堂橋** 【다리】 신당재에 있는 다리.
- **신당재여울[어신여울]** 【여울】 신당재에 있는 여울. 물살이 셈.
- **닥박골** 【마을】 신당재 서쪽에 있는 마을.
- **닥박골고개[서낭당고개]** 【고개】 닥박골에서 신당재로 넘어가

는 고개. 서낭당이 있었음.

- **문바위 【바위】** 신당재 남쪽에 있는 바위. 문처럼 생겼음.
- **문바위골 【골】** 문바위가 있는 골짜기.
- **닥박골 【마을】** '닥박골'은 옛날부터 닥나무가 많이 생산된다 하여 '닥밭골'이라 하던 것이 점차 '닥박골'로 변하게 되었다.
- **김성수**金性洙 **묘 【묘】** 전북 고창 출생. 동아일보 창간, 보성전문 인수, 일제에 협력한 사실이 있음. 금남리 산8-1번지 위치.
- **김상만**金相萬 **묘 【묘】** 인촌 김성수金性洙의 장남으로 동아일보 사장 역임. 금남리 산8-1번지 위치.
- **백월리**白月里**[한다리] 【마을】** 백월白月부락은 약 400년 전 최명길崔鳴吉의 백월당白月堂이라는 정자亭子를 지었다하여 백월부락이 되었다.
- **백월정지**白月亭址 **【터】** 금남리 백월마을에 있었던 최명길崔鳴吉의 정자가 있었던 터.
- **백월교**白月橋 **【다리】** 백월리에 있는 다리. 1952년 유엔군이 놓았음.
- **이춘원**李春元 **묘 및 신도비 【묘】** 조선 중기 문신. 금남리 백월 산56-9번지 위치.
- **문안산**文案山 **【산】** 화도읍 금남리와 창현리 차산리에 걸쳐 있는 산. 해발 537.4m.

6) 답내리畓內里 【리】

조선시대부터 한말까지 양주군 상도면 지역이다. 1914년 4월 1일 행정구역 통폐합에 따라 내동리와 답동리 일부를 통합하여 답내리라 하고 화도면에 편제되었다. 1991년 12월 1일 화도면이 화도읍으로 승격하자 이에 편제되었다.

- **답내畓內** 【리】 월산리로부터 이 마을로 흐르는 물이 북한강까지 연결은 되어 있으나 도중에 물이 지하수로 흡수되어 버리고 말아 단천斷川 또는 '단내'라 부르다가 발음변화로 '답내'가 되었다.
- **답내초등학교** 【학교】 1944년 마석초등학교 답내분교장으로 인가. 1946년 4월 15일 답내초등학교 승격. 답내리 270번지 위치.
- **월산교회** 【교회】 1907년 창립. 답내리 555번지 위치.
- **화도 3·1운동 기념비** 【기념비】 1919년 3월 18일 이달용李達鎔을 중심으로 한 월산리 주민 200여 명과 월산교회 김필규金弼奎 목사 등이 야간을 이용하여 독립만세운동을 감행한 것(양주지역의 3·1 첫 유혈사태가 일어나 5명이 사망하고 7명이 중상을 당함)을 기리기 위해 기념비.
- **납내교** 【다리】 답내리에 있는 다리.
- **두거지들** 【들】 답내리에 있는 들.
- **마구천** 【내】 답내리에 있는 천.
- **먼두들기** 【마을】 답내리에 있는 마을.
- **시명골** 【골】 답내리에 있는 골짜기.
- **시우논들** 【들】 답내리에 있는 들.
- **우량모롱이** 【모롱이】 금내리에 있는 모롱이.
- **자지봉** 【산】 답내리에 있는 산.
- **정안터** 【들】 답내리에 있는 들.
- **학골** 【골】 답내리에 있는 골짜기.
- **호랑바위** 【바위】 답내리에 있는 바위.
- **신기천新基川** 【내】 답내리 두리봉 골짜기에서 발원하여 구암리 응암에서 북한강과 합류한다.
- **신포新浦[새개]** 【마을】 약 200년 전 수해로 인하여 새로운 개울이 생겨서 '새개'로 불리었으나 한자표기로 '신포'라 하였다.

- **신포천**新浦川[새개내] 【내】 새개에 있는 내.
- **새개아랫들** 【들】 새개 아래쪽에 있는 들.
- **원고개** 【고개】 새재에서 논골로 넘어가는 고개.
- **답동**畓洞[논골] 【마을】 논이 많은 부락이라 하여 '논골'이라 하며 한자로 답동畓洞이라고 하였다.
- **내동**內洞[안골] 【마을】 논골 안쪽에 있는 마을.
- **내동교** 【다리】 내동에 있는 다리. 경춘선 철로 개통시 놓았음.
- **성고마루고개** 【고개】 안골에서 논골로 넘어가는 고개.
- **잣나무고개** 【고개】 안골에서 월산리 등경골로 넘어가는 고개.
- **학고개[하고개, 하우고개, 학골]** 【고개】 안골에서 수동면 송천리 아장골로 넘어가는 고개.

7) 월산리月山里 【리】

조선시대부터 한말까지 양주군 상도면 지역이다. 1914년 4월 1일 행정구역 통폐합에 따라 등경동 일부와 세월산리·점막리를 병합하여 월산리라 하고 화도면에 편제되었다. 1991년 12월 1일 화도면이 화도읍으로 승격하자 이에 편제되었다.

- **월산**月山[달미, 당미, 땅미] 【리】 달이 떠오르는 모양의 산봉우리가 있어 이 산을 월계산月鷄山이라고 칭하며 이를 따서 '달에' 또는 '당미'라 부르다가 월산리라 하였다.
- **가논들[끼먹는들]** 【들】 월산리에 있는 들.
- **가마논** 【들】 월산리에 있는 들.
- **감성논들** 【들】 월산리에 있는 들.
- **건너말** 【마을】 모루말 건너쪽에 있는 마을.
- **골안** 【골】 월산리에 있는 골짜기.

- **달미산** 【산】 달미 뒤쪽에 있는 산.
- **독바위** 【바위】 독처럼 생긴 월산리에 있는 바위.
- **둥근자리** 【들】 월산리에 있는 들.
- **뚱뚱이고개** 【고개】 월산리에 있는 고개.
- **매봉재** 【산】 매처럼 생긴 월산리에 있는 산.
- **산제당터** 【골】 월산리에 있는 골짜기. 산제당이 있음.
- **시무장터** 【골】 월산리에 있는 골짜기.
- **상나무배기** 【골】 향나무가 있었던 월산리에 있는 골짜기.
- **폭포수** 【골】 폭포가 있는 월산리에 있는 골짜기.
- **오두봉**烏頭峯 【산】 월산리에 있는 산.
- **월산교**月山橋[**지현교**] 【다리】 지레네미 앞에 있는 다리.
- **월산저수지**月山貯水池 【저수지】 월산리에 있는 저수지.
- **세월산**細月山[**가래땅미, 가리당미**] 【마을】 세월산은 이 부락에서 달뜨는 것을 보면 능이 가늘게 보인다 하여 '가래당미'라 하였으며 한자화하여 '세월산'부락으로 칭하게 되었다.
- **뒷골** 【골】 가래땅미 뒤쪽에 있는 골짜기.
- **등경동**燈檠洞 [**등경골**] 【마을】 등경동은 약 200년 전 어떤 풍수가가 남평 문씨의 묘터를 잡고 등잔을 걸어 놓은 모양이라 하며 등경골이라 지칭한데서 유래되었다.
- **모루말** 【마을】 등경골 북쪽에 있는 마을.
- **막바지** 【마을】 모루말 북쪽에 있는 마을.
- **모루말고개**[**호롱굴고개**] 【고개】 모루말에서 답내리 안골로 넘어가는 고개.
- **붉은덕고개** 【고개】 모루말에서 막바지로 넘어가는 고개. 흙이 붉음.
- **지현**智峴[**지르레미**] 【마을】 이 부락은 약 150년 전에는 부락이 없어 도현陶峴부락에 질러 넘는다 하여 '지르네미'로 불

리다가 한자화 하여 '지현'이라 하였다.

- **주막거리[점막]** 【마을】 주막이 있던 지르네미 동쪽에 있는 마을.
- **점막**店幕**[점촌, 주막거리]** 【마을】 조선시대 서울로 가는 동행인의 여인숙이 되어 '주막거리'라 하였으나 한자로는 점막이라고 표기되었다.
- **도현**陶峴**[도시래]** 【마을】 도현부락은 '도시래'라고 불리며 등경골 남쪽에 있는 마을.
- **덕고개** 【고개】 도시래에서 마석우리 산성으로 넘어가는 고개.
- **도시래골** 【골】 도시래 동쪽에 있는 골짜기.
- **동구밖** 【들】 도시래 바깥쪽에 있는 골짜기.
- **솔고개** 【고개】 도시래에서 등경골로 넘어가는 고개. 솔이 많음.
- **숙수고개** 【고개】 도시래에서 등경골로 넘어가는 고개.
- **샛고개** 【고개】 지리네미에서 마석우리로 넘어가는 고개.
- **달기산[달미, 월산**月山**]** 【산】 화도읍 월산리와 창현리, 금남리에 걸쳐 있는 산. 해발 320m.
- **월산천**月山川 **【내】** 달기산 정상 북쪽 골짜기에서 발원하여 금

모란미술관 ⓒ 윤종일

남리 수입나루에서 북한강과 합류한다.

- **모란미술관 【**미술관**】** 화도읍 월산리 246-1에 위치한 문화관
광명소로 8,500평의 야외조각공원에는 국내 유명조각가들의
작품들이 상설전시되어 있다.

8) 창현리倉峴里 【리】

조선시대부터 한말까지 양주군 하도면 지역이다. 1914년 4월 1
일 행정구역 통폐합에 따라 마산리·장현리·월길리·무수동·산
성리·궁촌리 각 일부를 병합하여 창현리라하고 화도면에 편제되
었다. 1991년 12월 1일 화도면이 화도읍으로 승격하자 이에 편제
되었다.

- **창현**倉峴 **【리】** 약 400년 전 국가 양곡을 보관하던 창고가 있
었으며 동네 주위에 고개가 많이 있어 '창현'이라 하였다.
- **마석초등학교 【**학교**】** 1922년 마석공립보통학교로 인가. 1925
년 10월 마석심상소학교로 개교. 창현리 517-1번지 위치.
- **마석우체국 【**우체국**】** 1939년 3월 31일 마석우편소로 개소. 1950
년 1월 10일 마석우체국으로 개칭. 창현리 488-9번지 위치.
- **다락굴[마차구레골] 【**골**】** 창현리에 있는 골짜기.
- **흥원**興園**[흥선대원군묘] 【**묘**】** 창현리 산22-2번지에 있는 흥선
대원군 이하응李昰應의 묘. 1966년 4월 두 번째 이장. 경기도
기념물 제48호.
- **완흥군**完興君 **이재면**李載冕 **묘 및 신도비 【**묘**】** 흥선대원군의 장
남, 고종의 형. 창현리 산22-2번지 흥선대원군 묘역 위치.
- **영선군**英善君 **이준용**李俊鎔 **묘 및 신도비 【**묘**】** 완흥군 이재면李
載冕의 아들. 고종의 조카. 창현리 흥선대원군 묘 아래 약

100m 지점에 위치.

- **이우**李鍝 **묘 및 신도비 【묘】** 영선군 이준용李俊鎔의 아들. 창현리 산22-2번지 영선군 묘역 좌측 위치.
- **이종**李淙 **묘 【묘】** 영선군 이준용 묘역 밑에 위치.
- **된베루 【벼랑】** 창현리에 있는 벼랑.
- **동굴봉 【산】** 창현리에 있는 산.
- **마차구레 【골】** 창현리에 있는 골짜기.
- **배룡내 【내】** 창현리에 있는 내.
- **배룡냇게 【들】** 배룡내 가에 있는 들.
- **신주바위 【바위】** 창현리에 있는 바위. 옛 난리 때 신주를 이 바위 밑에 묻었음.
- **신주바위모롱이 【모롱이】** 신주바위가 있는 모롱이.
- **장들 【들】** 창현리에 있는 들.
- **주라골 【골】** 창현리에 있는 골짜기.
- **마현**馬峴[**말미, 창벌**] **【마을】** 약 400년 전 국가양곡 창고에 곡식을 두고 두량斗量하던 곳으로서 마현 또는 '말미'라 불리고 있다.
- **학수**鶴首[**황새머리**] **【마을】** 송림松林이 우거져 학이 많이 놀았다 하여 '황새머리'라 하며 한자화하여 '학수'라 하였다.
- **황새모롱이[모롱이]** 황새머리 앞에 있는 모롱이.
- **장현**獐峴[**노루너머**] **【마을】** 옛날 수렵시대에 지역에 노루[獐]가 많이 나타나서 포수들이 이곳에 목을 잡고 있으면 많이 잡을 수 있었다하여 '노루너머'라 하며 한자로 '장현'이라 한다.
- **월길**月吉[**달길리**] **【마을】** 이 지역에서 만월滿月을 쳐다보면 달이 길게 보인다하여 '달길리'라 불리며 그 음을 따서 '월길月吉'이라 하였다.
- **달기산[월산] 【산】** 달길리 동쪽에 있는 산.

- **솔고개 【고개】** 월길리에서 황새머리로 넘어가는 고개. 솔이 우거졌음.
- **안산 【산】** 달길리 앞에 있는 산.
- **풋양지 【마을】** 달길리 양지쪽에 있는 마을.
- **무수無愁[무시울, 무시동] 【마을】** 조선시대 어느 고관이 이 지역으로 낙향하여 정자亭子를 세우고 무수정無愁亭이라고 일컬은 데에서 유래되었는데 점차 '무시울'로 변하였다.
- **무시울고개 【고개】** 무시울에서 차산리 절터로 넘어가는 고개.
- **문안산 약수터 【약수】** 무시울 남동쪽 문안산에 있는 약수터.

9) 녹촌리鹿村里 【리】

조선시대부터 한말까지 양주군 하도면 지역이다. 1914년 4월 1일 행정구역 통폐합에 따라 하도면의 녹동리와 궁촌리 일부를 병합하여 녹촌리라 하고 화도면에 편제되었다. 1991년 12월 1일 화도면이 화도읍으로 승격하자 이에 편제되었다.

- **녹촌鹿村 【리】** 예부터 부락 앞산 잣동산에 수목이 울창하여 사슴이 많았으므로 녹촌리가 되었다.
- **괘경산掛鏡山[괴경산] 【산】** 녹촌리에 있는 산.
- **매봉재 【산】** 녹촌리에 있는 산.
- **범바위 【바위】** 녹촌리에 있는 바위.
- **범박골 【골】** 범바위가 있는 골짜기.
- **비룡밑 【골】** 녹촌리에 있는 골짜기.
- **성모래이 【모롱이】** 녹촌리에 있는 모롱이.
- **여덟사리 【골】** 녹촌리에 있는 골짜기.
- **적두물 【골】** 녹촌리에 있는 골짜기.

능원대군 이보 묘 ⓒ 김준호

- **절터봉 【산】** 녹촌리에 있는 산.
- **주누굴 【골】** 녹촌리에 있는 골짜기.
- **진무시 【골】** 녹촌리에 있는 긴 골짜기.
- **쪽도리바위 【바위】** 쪽도리 처럼 생긴 녹촌리에 있는 바위.
- **쪽박골 【골】** 녹촌리에 있는 골짜기.
- **쪽박골고개 【고개】** 쪽박골 위에 있는 고개.
- **큰골 【골】** 녹촌리에 있는 큰 골짜기.
- **보학步鶴 【마을】** 부락 앞산이 학의 날개를 펴고 걸어가는 모양과 같다하여 '보학골'이라 불리었고 한자표기로 '보학'이라 하였다.
- **간촌[샛말] 【마을】** 녹동과 궁말 사이에 있는 마을.
- **녹동鹿洞[윗말] 【마을】** 샛말 서쪽에 있는 마을.
- **정고개 【고개】** 녹동에서 샛말로 넘어가는 고개.
- **궁말[궁촌] 【마을】** 샛말 동쪽에 있는 마을.
- **거북거리 【마을】** 능원 아래에 있는 마을.
- **건너말 【마을】** 녹동 건너쪽에 있는 마을.

- **능너머** 【마을】 홍원 너머에 있는 마을.
- **웃밭골** 【마을】 능원 너머에 있는 마을.
- **덕고개** 【고개】 녹동 북쪽에 있는 큰 고개.
- **의안군**義安君 **이성**李珹 **묘** 【묘】 선조의 아들. 녹촌리 능원사당 바로 뒤 위치.
- **능원대군**綾原大君 **이보**李俌 **묘 및 신도비** 【묘】 원종元宗(추존)과 인헌왕후 구씨仁獻王后具氏(추존)의 둘째 아들. 녹촌리 궁말 192번지 위치. 경기도 문화재자료 제115호.

10) 차산리車山里 【리】

조선시대부터 한말까지 양주군 하도면 지역이다. 1914년 4월 1일 행정구역 통폐합에 따라 광암리와 맹곡리 그리고 맹기리와 차산리 각 일부를 병합하여 차산리라 하고 화도면에 편제되었다. 1991년 12월 1일 화도면이 화도읍으로 승격하자 이에 편제되었다.

- **차산**車山[**수리너미, 수리너머, 수레너머**] 【리】 약 300년 전 기계 유씨杞溪兪氏 종중의 비석건립에 우마차로 석조물을 운반하였다하여 '수레너머'이며 점차 '수리너머'로 변하게 되었고 한자표기로 '차산리'가 되었다.
- **공수골** 【골】 차산리에 있는 골짜기.
- **귀시니** 【골】 차산리에 있는 골짜기. 귀신이 있었음.
- **궁들** 【들】 차산리에 있는 들. 궁의 소유였음.
- **되린겻** 【마을】 차산리에 있는 마을.
- **모이안[묘안]** 【골】 큰 묘가 있었던 차산리에 있는 골짜기.
- **미라골** 【골】 차산리에 있는 골짜기.
- **새말** 【마을】 차산리에 있는 새로 된 마을.

- **설통바위** 【바위】 차산리에 있는 바위. 벌통을 놓음.
- **수리너머고개[차유령車踰嶺]** 【고개】 원차산에서 와부읍 월문리로 넘어가는 고개. 화도읍 차산리 산67의 1번지 고개가 차유령이다. 1570년 4월 10일에 전 자헌대부 호조판서 숙민공 유강兪絳이 사망하자 묘소를 차산리 67번지에 장사지냈다. 1963년 종손 유성증兪省曾이 강원도 괄찰사로 재임시 유강의 산소에 석물 및 신도비를 세우는데 와부읍 덕소로부터 우마차로 운반하여 태산준령을 넘었다고 한다. 그 후부터 차유령車踰嶺(수레넘이 고개)이라고 불리어지게 되었고 차산리 산 67번지에서 호조판서 유강을 비롯하여 충간공忠簡公 유황兪榥의 묘가 있어 신도비 5기를 비롯하여 기타 석물이 있다. 해발 240m.
- **신마이** 【들】 차산리에 있는 들.
- **아갈바위[자라바위]** 【바위】 차산리에 있는 바위. 자라가 입을 벌리고 있는 형상을 함.
- **약물바위** 【바위】 차산리에 있는 바위. 약물이 남.
- **응달말** 【마을】 수리너머 응달쪽에 있는 마을.
- **장강톨바위** 【바위】 차산리에 있는 바위. 장강풀처럼 생겼음.
- **판서밭[판서전, 판서터]** 【밭】 차산리 67번지에 있는 밭. 판서 박성원朴聖源이 생장하였음.
- **황골** 【골】 잔터 서쪽에 있는 길.
- **맹동孟洞[맹골]** 【마을】 맹동은 차산리의 첫 동네라 하여 '맹골'이라 하며 한자로 '맹동'이라 하게 되었다.
- **맹동천孟洞川** 【내】 맹동골에서 발원하여 새말, 배기, 잔터를 거쳐 차산리 무시울에서 묵현천과 합류한다.
- **건너말** 【마을】 맹골 건너쪽에 있는 마을.
- **재재기고개[맹동현]** 【고개】 맹골에서 조안면 삼봉리로 넘어가

는 고개. 해발 250m.

- **무시너머고개** 【고개】 맹골에서 창현리의 달길리로 넘어가는 고개.
- **뱅알[비냥뱅이들]** 【골】 맹골 서쪽에 있는 골짜기.
- **뱅알고개** 【고개】 뱅알에서 와부읍 월문리 뱅알골로 넘어가는 고개.
- **베틀바위[벼틀바우, 비틀바우]** 【바위】 차산리에 있는 바위. 베틀처럼 생겼음.
- **큰말** 【마을】 맹골에서 가장 큰 마을. 들 가운데 있음.
- **일신日新[샛말]** 【마을】 동네와 동네 사이에 있는 동네라 하여 '샛말'이었는데 변음이 되어 '새말'이 되고 이를 한자로 표기하여 '일신日新'이 되었다.
- **건너-말** 【마을】 샛말 건너쪽에 있는 마을.
- **배기盃基[잔터]** 【마을】 약 60년까지 요식업자가 10여 호나 있어 술을 팔았다 하여 '잔터'라 불리며 이를 한자화 한 것이 '배기'이다.
- **양지편** 【마을】 잔터 양지쪽에 있는 마을.
- **광암廣岩[나분바우, 널분바우]** 【마을】 광암 부락은 조선조 영조 때의 박성원朴聖源의 호가 광암廣岩이었는데, 경향 각지의 친구들이 이 부락에 올 때면 꼭 광암의 집에 간다고 하여 광암 부락이라는 명칭이 생기게 되었다.
- **광암부락廣岩部落** 【마을】 박성원朴聖源은 1697년(숙종 23)에 출생하여 1757년(영조 33)에 사망한 조선 문신이다. 자는 토수土洙, 호는 겸제謙齋 또는 광암廣岩, 본관은 밀양이니 충원忠元의 6대손이다. 1728년(영조 4)에 문과에 급제하여 사간원과 사헌부를 거쳐 지평으로 승진하고 세손강서원유선世孫講書院諭善이 되어 세손世孫(정조正祖)을 보호했으며 참판에 이르러 치

임致仕하고 봉조하가 되었으며 이조판서에 추증되고 시호를 문헌文憲이라고 내렸다.

박성원이 화도면 차산리 차산부락 67번지 산밑에서 출생하여 지금도 출생지 밭을 판서전判書田이라고 부르며 이곳에 거주할 때 문장과 덕망이 일세에 펼치니 경향각지의 유생 및 관리가 광암을 찾아오는 일이 빈번하여 '사람마다 광암 집에 다녀온다' 일컬어져 그때부터 동명이 광암으로 불려져 지금에 이르렀다.

- **광암저수지【못】** 광암리에 있는 못.
- **아랫말【마을】** 나분바우 아래쪽에 있는 마을.
- **웃말【마을】** 나분바우 위쪽에 있는 마을.
- **원차산元車山【마을】** 원차산은 차산리의 제일 근원이 되는 곳이라 하여 원차산이라 하였다.
- **기계 유씨杞溪兪氏 사당祠堂【사당】** 유강兪絳을 비롯한 기계 유씨 조상들이 모셔져 있다.
- **기계 유씨杞溪兪氏 효녀정문孝女旌門【정문】** 박효현朴好賢의 부인 기계 유씨 부인의 정문.
- **유강兪絳 묘 및 신도비【묘】** 조선 전기의 무신. 차산리 원차산마을 기계 유씨 문중 묘역 위치.
- **유성증兪省曾 묘 및 신도비【묘】** 조선 중기의 문신. 차산리 원차산마을 기계 유씨 문중 묘역 위치.
- **유황兪榥 묘 및 신도비【묘】** 조선 중기의 무신으로 이정구의 문인. 차산리 원차산마을 기계 유씨 문중 묘역 위치.
- **유철兪撤 묘 및 신도비·시비詩碑【묘】** 조선 중기의 문신. 차산리 원차산마을 기계 유씨 문중 묘역 위치.
- **유수柳洙 묘 및 신도비【묘】** 조선 전기의 무신. 계유정난에 참가하여 공신이 됨. 차산리 산24-1번지 이순지 묘역 건너편

이순지 묘표 ⓒ 김준호

산 위치.

- **이순지**李純之 **묘 및 신도비 【묘】**
조선 초기 천문학자. 신도비는
최근에 세워짐. 차산리 산5번
지 위치. 경기도 문화재자료
제54호.

- **천마산**天摩山[**철마산**鐵馬山] 【산】
화도읍과 진건읍, 금곡동 경계
에 있는 산. 해발 812.4m. 꼭
대기에 철마(쇠로 만든 작은
말)가 있었음.

4. 진건읍眞乾邑

　본래 양주군의 지역으로서, 돌이 많아서 냇물이 땅속으로 흐르고 겉이 늘 말라 있으므로 건천면乾川面이라 하였다. 팔현八賢·어남상於南上·어남하漁南下·오산梧山·단곡丹谷·송정松亭·성릉成陵·

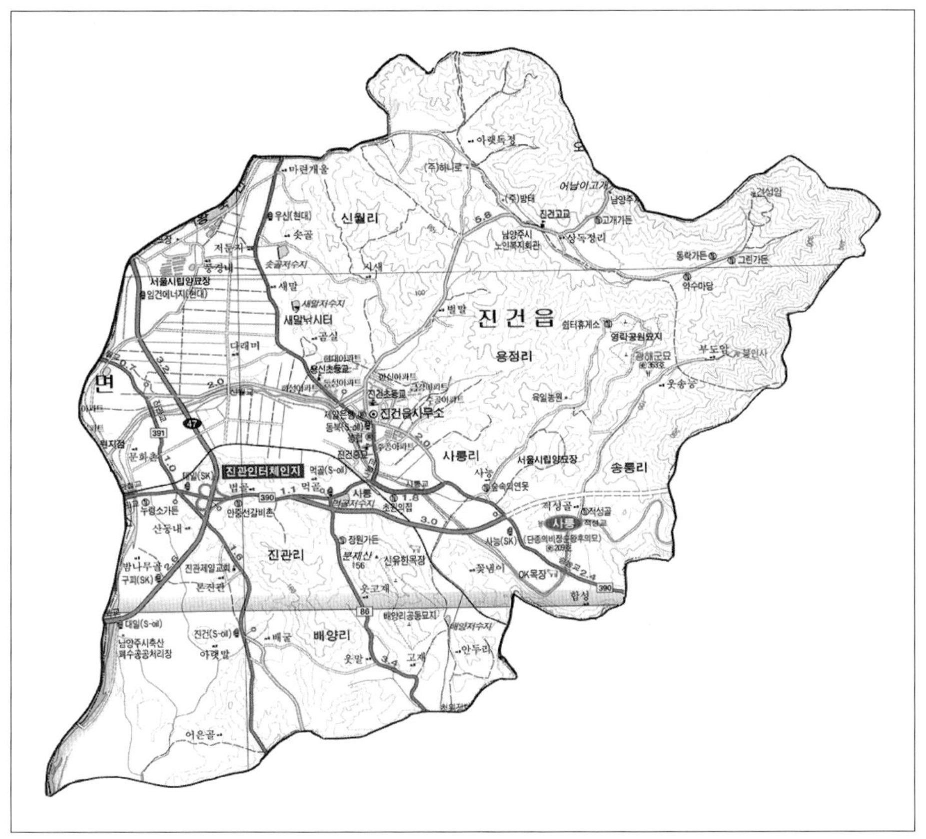

진건읍 지도

상독정上獨井 · 하독정下獨井 · 오룡五龍 · 식동植洞점막店幕 · 양지陽地의 13개 동리를 관할하였는데, 1914년 4월 1일 행정구역 통폐합에 따라 진관면眞官面의 평촌坪村 · 월음月陰 · 신촌新村 · 법동法洞 · 본진관本眞官 · 고현高峴 · 배양培養의 7개 동리와 접동면接洞面의 중포中浦, 와촌瓦村의 각 일부와 미음면渼陰面의 도농리 일부를 병합하여 진관과 건천의 이름을 따서 진건면이라 하였으며 팔현 · 오남 · 송릉 · 용정 · 사릉 · 양지 · 신월 · 진관 · 배양의 9개 리로 개편 · 관할하였다. 1980년 4월 1일 남양주군에 편입되고(법률 제3169호), 1983년 2월 15일 양지리 · 오남리 · 팔현리의 3개 리를 진접면에 넘겨주고 (대통령령 제11027호) 6개 리가 되었으며, 1995년 도농복합형 남양주시가 출발할 남양주시 관할이 되어 현재에 이르고 있다. 현재 사능리 · 배양리 · 진관리 · 신월리 · 용정리 · 송능리 등 6개 리를 관할하고 있다.

1) 용정리龍井里 【리】

본래 양주군 건천면의 지역인데, 1914년 행정구역 통폐합에 따라 하독정리, 용정리, 상독정리 일부를 병합하여 오룡과 독정의 이름을 따서 용정리라 하여 진건면에 편입되고, 1980년 남양주군에 편입됨.

- **진건초등학교** 【학교】 1935년 7월 1일 인가. 1935년 9월 27일 진건공립심상소학교로 개교. 용정리 780-1번지 위치.
- **대흥동大興洞[감바위]** 【마을】 감바위가 있는 마을. 용정리의 자연부락.
- **감바위** 【바위】 고리개 남쪽에 있는 큰 바위.
  이 바위에는 고려 태조 때의 이야기가 전해오고 있다. 인근에 대적굴이라는 도둑의 소굴이 있었는데, 이 곳의 도둑들이 어느 날 이 바위 앞을 지나는 예쁜 신부를 잡아다가 도적 두목의 부인으로 삼으려 하였다. 이에 신부가 꾀를 내어 말하기를 남편과 시아버지, 시어머니가 이 일을 알게 되면 후환이 있을까 두려우니 내가 가서 그들을 죽인 후 다시 오겠다며 며칠만 말미를 달라고 하였다. 이에 도둑이 허락을 해줘서 그 신부는 무사히 집으로 돌아올 수 있었다. 그러나 신부를 본 남편과 시어머니는 며느리가 부정한 행실을 하고 왔다고 하여 쫓아냈다. 쫓겨난 신부가 이 바위 아래에서 기도를 드리고 비녀를 뽑아 바위를 내려치자 바위가 갈라졌다고 한다.

- **고리개[오리동, 오류포**五柳浦**]** 【마을】 오룡골 서쪽에 있는 마을.
- **대저굴** 【골】 용정리에 있는 골짜기.
- **독정**獨井**[독정이, 독재이, 독쟁이]** 【마을】 용정리와 송릉리에 걸쳐있는 마을.
  풍양 조씨 시조 조맹趙孟이 홀로 먹던 우물이 있었으므로 독정이라 하고 상독정, 하독정으로 나뉨.
- **무시터** 【고개】 오룡굴에서 별말로 넘어가는 고개.
- **별고개** 【고개】 별말에서 아랫독쟁이로 넘어가는 고개.
- **별말[성촌**星村**]** 【마을】 지새 동쪽에 있는 마을. 살림이 어려운 마을이라 하여 '빈마을', '빈말[貧村]'로 불리었는데 이것이 별말이 되고 나중에 성촌으로 표기.
- **아랫독정이[하독정**下獨井**, 아랫독쟁이, 아랫독쟁이]** 【마을】 독정이 아래에 있는 마을. 윗독정이는 송릉리에 있음. 송릉리의 상독정과는 당초에는 한 부락이었는데 용정리와 갈라지면서 하독정이라 한다.
- **오룡굴[오룡동**五龍洞**]** 【마을】 별말 남쪽에 있는 마을.

변안열 묘표－토끼가 방아찧는 모양

옛날에 용 다섯 마리가 내려왔다고 하여 생긴 명칭.

이와는 달리 다섯 개의 능선으로 뻗어내린 마을 뒷산 줄기가, 풍수지리에서 말하는 용이 뻗은 것과 같다는 데서 유래한 이름이라고도 한다.

- **오리동**五里洞 【나루】 이곳이 나루터였을 때 그 주변에 죽은 미루나무가 많았다하여 고유포枯柳浦라고 하였는데 '고리개'로 불리다가 오리동으로 바뀌었다 함.

- **추원재**追遠齋 【사당】 원주 변씨의 재실.

- **변안열**邊安烈 **묘** 【묘】 고려 말의 무신으로 원주 변씨 시조. 용정리 산197번지 위치. 경기도 문화재자료 제116호.

- **변상복**邊尙服 **묘** 【묘】 조선 전기 문신으로 덕천옹주德川翁主와 결혼. 용정리 원주 변씨 사당 좌측 위치.

- **절굴**[사곡寺谷] 【골】 용정리에 있는 골짜기. 절이 있었음.

- **지새**[지사芝沙] 【마을】 별말 서쪽에 있는 마을. 지사知事가 용이 내렸다는 지역을 조사하기 위해 이곳에 내려와 머무르다 갔다하는데 그것이 전이되어 지사芝沙가

변안열 묘표－삼족오三足烏

되었다.

- **청해사**青海祠 【사당】 조선 개국공신 청해백青海伯 이지란李之蘭의 사당.

- **칙웅지** 【골】 용정리에 있는 골짜기.

- **모송재**慕松齋 【사당】 고려 말의 충신 최청崔淸을 모신 사당.

- **최청**崔淸 **묘 및 신도비** 【묘】 고려 말의 문신이자 충신, 이제현李齊賢의 문하에서 배움. 용정리 산독정 산89번지 위치.

- **하독정**下獨井 【마을】 송릉리松陵里의 상독정上獨井과 당초에 한 부락이 있었는데 용정리와 갈라지면서 하독정이라 한다.

- **독정이[독쟁이, 독재이]** 【마을】 송릉 북서쪽에 있는 마을.

- **홍익한**洪翼漢 **원배**元配 **능성 구씨**綾城具氏 **묘** 【묘】 청에 대항한 삼학사三學士 중 한명인 홍익한의 부인. 용정리 하독정 산 22-4번지 위치.

- **익현군**翼峴君 **이곤**李璭 **묘** 【묘】 세종과 신빈 김씨愼嬪金氏 소생. 계유정난에 참가 좌익공신이 되었다. 용정리 637번지 지세 마을 위치.

- **견성암**見聖庵[독정이절] 【사찰】 봉선사의 말사로 천마산 서쪽에 자리잡고 있으며 웃독정이 동쪽 있는 절. 고려 개국공신이자 풍양 조씨 시조인 시중侍中 조맹趙孟이 수도한 곳인데, 그 후손이 기념으로 세웠다 하며, 1860년(철종 11)에 후손 보월혜조寶月慧照가, 1882년(고종 19)에는 봉성鳳城이 중수함.

- **조상우**趙相愚 **묘 및 신도비** 【묘】 조선 초기 문신. 송준길의 문인, 남평의 용강사龍岡祠에 제향되었다. 송능리 산1번지 견성암 아래 산 중턱에 위치.

- **이백강**李伯剛과 **정순공주**貞順公主 **묘** 【묘】 조선 초기의 문신. 영의정 이거이李居易의 아들. 태종의 맏딸 정순공주와 결혼하여 청평위淸平威가 됨. 용정리 산209-2번지 이계린 묘역 위에 위치.

- **이계린**李季麟 묘 **【묘】** 조선 초기의 문신. 세조의 왕위 찬탈에 협조하여 아들 이계전과 함께 좌익공신 2등에 봉해짐. 태종의 장녀 정순공주貞順公主의 딸과 결혼. 용정리 산209-2번지에 위치.
- **홍경주**洪景舟 묘 **【묘】** 조선 중기의 문신으로 중종의 후궁 희빈 홍씨熙嬪洪氏의 아버지. 용정리에 묘가 위치한다.

2) 송능리松陵里 **【리】**

본래 양주군 건천면 지역인데, 1914년 4월 1일 행정구역 통폐합에 따라 송정리, 성릉리, 상독정리 일부를 병합하여 송정과 성릉의 이름을 따서 성릉리로 진건면에 편입되었으며, 1980년 4월 1일 남양주군에 편입됨. 상독정에는 소나무가 많고 성릉이 있어 송릉리라 함.

- **거지굴 【골】** 거지가 살았던 송릉에 있는 골짜기.
- **광해군**光海君 **이혼**李琿 묘 **【묘】** 송릉리에 있는 조선 제15대 광해군과 문성군부인文城君夫人 유씨柳氏의 무덤. 사적 제363호. 송능리 산59번지 위치.
- **임해군**臨海君 **이진**李珒 묘 **【묘】** 송릉리에 있는 조선 제15대 광해군의 형 임해군의 무덤. 송능리 산56번지 위치.
- **뒷굴 【굴】** 송릉 뒤에 있는 골짜기.
- **말바위 【바위】** 송릉리에 있는 바위.
- **문망굴 【골】** 송릉리에 있는 골짜기.
- **강자순**姜子順**과 경숙옹주**敬淑翁主 묘 **【묘】** 조선 제5대 문종과 후궁 사직 양씨 소생의 경숙옹주와 남편 강자순의 묘.
- **배망굴 【골】** 송릉리에 있는 골짜기.

- **북고개**【고개】성릉 북쪽에 있는 고개.
- **조맹**趙孟 **묘 및 신도비**【묘】고려 초기 개국벽상공신開國壁上功臣
  이며 풍양 조씨의 시조. 송능리 산55번지 위치.
- **서낭데이[서낭댕이]**【고개】웃송릉에서 독정이로 넘어가는 고개.
- **성묘**成墓【묘】송릉리에 있는 광해군의 어머니 공빈 김씨恭嬪
  金氏의 무덤. 사적 제365호. 송능리 산55번지 소재.
- **성릉**成陵【마을】성릉 아래에 있는 마을.
- **성릉고개**【고개】호평동 지새울에서 진건읍 성릉과 웃독정이
  로 넘어가는 고개. 해발 230m.
- **수양굴**【굴】견성암 옆에 있는 굴. 고려 개국공신 풍양 조씨
  시중侍中 조맹趙孟이 수도하였다 함.
- **신방터**【골】송릉리에 있는 골짜기.
- **아랫말**【마을】독정이 아래쪽에
  있는 마을.
- **오류굴고개**【고개】성릉에서 오
  남리 오류굴로 넘어가는 고개.
- **웃독정이[웃독재이, 웃독쟁이, 상
  독정리**上獨井里**, 웃말]**【마을】독
  정이의 위쪽마을. 아랫독정이는
  용정리에 있음.
  견성암의 우물이 유명하여 하늘
  아래 하나밖에 없는 우물이라
  하여 독정이라 하다가 분리, 상
  독정, 하독정이 됨.
- **웃송릉**【마을】적송골 북쪽에 있
  는 마을.
- **작은서낭댕이**【고개】웃독쟁이에

조맹 묘표 ⓒ 김준호

서 용정리 별말로 넘어가는 고개. 서낭당이 있었음.

- **적성골** 【마을】 웃송릉 남쪽에 있는 마을.
- **절터굴** 【골】 견성암이 있는 골짜기.
- **정낭굴** 【골】 송릉에 있는 골짜기.
- **합다리** 【마을】 송릉리에 있는 마을.
- **용정천**龍井川 【내】 송릉리에서 발원하여 진관리에서 왕숙천과 합류.
- **합성**合城 【마을】 송릉리에 있는 마을.
  '적성골'과 '함다리'가 합쳐져 합성이라 함.
- **해낭당굴[하루왕당굴]** 【골】 송릉리에 있는 골짜기.
- **흥굴** 【골】 송릉리에 있는 골짜기.
- **안빈 이씨**安嬪金氏 **묘** 【묘】 효종의 후궁 안빈 이씨 묘. 사적 제366호. 송능리 적성골 산66번지 위치.
- **봉인사**奉印寺 【사찰】 천마산 서쪽 기슭에 위치한 대한불교 원효종에 소속된 사찰이다. 창건 시기는 알 수 없으며, 봉인사의 암자인 부도암浮屠庵의 기록으로 단편적인 사실만 알 수 있다. 1619년(광해군 11) 중국에서 진신사리眞身舍利를 가져오자 다음해인 1620년에 광해군이 예관에게 명하여 봉인사에 석가법인탑釋迦法仁塔을 세웠는데 이를 수호하기 위해 부도암을 창건. 1854년(철종 5) 혜암화상慧庵和尚이 봉인암을 중수.

3) 신월리新月里 【리】

본래 양주군 진관면 지역인데, 1914년 행정구역 폐합에 따라 평촌리, 월음리, 신촌리와 정동면의 와촌리 일부를 병합하여 신촌과 월음에서 딴 신월리란 명칭으로 진건면에 편입되고, 1980년 남양주군에 편입됨.

- **건천점**乾川店[**마른개울**] 【개울】 비가 내리다가 그치기만 하면 마른 개울이 되는 개울이 주막거리에 있어 '마른개울'이라 부르다가 건천점으로 변하였음.
- **검덩굴** 【굴】 신월리에 있는 골짜기.
- **곰실**[웅실熊室, 웅곡熊谷] 【마을】 다래미 동쪽에 있는 마을. 부락 뒤의 산모양이 곰의 모습과 같다하여 웅곡이라 하다가 곰실로 불리게 되어 웅실이라 표기.
- **구래** 【들】 신월리에 있는 큰 들.
- **구렁고개** 【고개】 신월리에 있는 고개.
- **냉기장** 【산】 신월리에 있는 산.
- **월음리**月陰里[**대래미, 다래미, 달음리**] 【마을】 신월리에서 으뜸인 마을.

  100년 전 양주의 8대 문장가의 한 사람인 유씨가 살았는데 호가 월음이라 하여 동네 명을 월음이라 함.

  마을이 자리 잡은 형태가 달[月]의 계수나무 그늘진 곳과 같다고 하여 월은동月隱洞이라 하였으나 사람들이 부르기를 달음리로 하여 구전되며 다래미 또는 대래미라 부르게 되었다.
- **건천점**乾川店[**마련개울, 마른개울**] 【마을】 숫골 북쪽에 있는 마을. 마른개울이 있음.
- **마른개울** 【내】 마른개울 앞에 있는 내. 잘 마름.
- **막은재이** 【들】 신월리에 있는 들.
- **비석거리**[**벗돌배기, 비석리**砒石里] 【마을】 풍경내 남쪽에 있는 마을. 포천·철원 쪽으로 가는 큰길가인데 선정비들이 서 있었음.

  선정비善政碑 등 5~6개의 비석이 부락 앞에 세워져 있다하여 비석거리라 하였으며 '벗돌배기'라 불림.
- **새말**[**상리**上里, **신촌**新村] 【마을】 대래미 북쪽에 새로 된 마을.

- **새말저수지【못】** 신월리 새말에 있는 못.
- **세푸니들【들】** 신월리에 있는 들.
- **솟골【마을】** 앞에 소沼가 있었던 새말 북쪽에 있는 마을.
  옛적에 윤씨尹氏 숙질간叔姪間 되는 두 사람이 포천사람으로서 서울로 과거를 보러가는 도중 신월리 건천동에 이르러 조카가 숙행되는 윤씨에게 '솥골'에 들어가서 점심을 잡수시고 가시라고 농담을 하니 숙행叔行은 "자네나 가서 요기하게" 하고 응수하며 숙질간에도 서로 '소'라고 자처하며 농담을 하였다는 이야기가 전함. 솟골의 동네형국이 솥 모양으로 되었고 솥 모양의 바위가 있으며 이 바위 앞에 예부터 우물이 내려오고 있는데 태조대왕이 내각리에 유하실 때 이 우물을 길어다 음료수로 사용했다고 한다.
- **솟골고개【고개】** 솟골에서 용정리 지새로 넘어가는 고개.
- **솟골저수지【못】** 신월리 솟골에 있는 못.
- **연안 이씨延安李氏 팔홍문八紅門【정문】** 솟골에 있는 충신 이돈오李惇五, 열녀 광주 김씨, 효자 이기직李基稷, 이기설李基卨, 이지남李至男, 절부 동래 정씨, 광릉 안씨, 효녀처자 연안 이씨의 8정문. 현재 김포시로 옮겨갔다.
- **움터굴【마을】** 움집이 있었던 신월리에 있는 마을.
- **움터굴고개【고개】** 움터굴 위에 있는 고개.
- **저렁굴【들】** 신월리에 있는 들.
- **지둔지【마을】** 솟골 서쪽에 있는 마을.
- **풍경豊景내[풍경천豊景川]【마을】** 지둔지 서쪽, 들 복판에 있는 마을.
  마을 뒤에 왕숙천이 흐르고 있고 앞과 옆에 기름진 농토가 있어 옛날부터 농사짓기가 좋은 마을이라 하여 풍경내라 하였다고 함.

- **풍경내들 【들】** 신월리에 있는 들로 진접읍 연평들 아래에 이어져 있음.
- **해내지 【마을】** 다래미 서쪽에 있는 마을.
- **해내지고개 【고개】** 해내지 위에 있는 고개.
- **평촌坪村 【마을】** 들의 평지에 있는 마을이라 하는데서 비롯.
- **김진규金鎭圭 묘 【묘】** 인경왕후仁敬王后의 오빠. 송시열宋時烈의 문인으로 윤증尹拯을 공박하여 소론과 대립.

4) 사릉리思陵里 【리】

본래 양주군 건천면 지역인데, 1914년 4월 1일 행정구역 통폐합에 따라, 신동리, 점막리와 오룡리, 성릉리의 각 일부와 진관면의 신촌 일부를 병합하여 사릉(단종비 정순왕후의 능)의 이름을 딴 사릉리란 명칭으로 진건면에 편입되고, 1980년 4월 1일 남양주군에 편입됨.

- **가루니 【골】** 사릉리에 있는 골짜기.
- **가치너머 【골】** 사릉리에 있는 골짜기.
- **꽃내미고개 【고개】** 사릉에서 배양리 꽃내미로 넘어가는 고개.
- **국수수굴 【골】** 사릉리에 있는 골짜기.
- **능밑 【들】** 사릉 밑에 있는 들.
- **도당굴 【골】** 도당제를 지냈던 사릉에 있는 골짜기.
- **독제이고개[윳굴고개] 【고개】** 윳굴에서 송릉리 독정으로 넘어가는 고개
- **두루개 【들】** 사릉리에 있는 들.
- **면산 【산】** 면 소유의 사릉리에 있는 산.
- **비선굴[비선골] 【골】** 비가 서 있는 사릉 밑에 있는 골짜기.

사릉 ⓒ 윤종일

- **비선굴고개** 【고개】 비선굴 위에 있는 고개.
- **뽕나무들** 【들】 뽕나무 밭이 많은 사릉 앞에 있는 들.
- **사갑들** 【들】 사릉 서쪽에 있는 들. 땅이 걸어서 곡식이 네곱씩 남.
- **사릉**思陵 【능】 사릉에 있는 단종端宗 비 정순왕후定順王后의 능. 사적 제209호. 사능리 산65-1번지 위치.
- **정미수**鄭眉壽 **묘 및 신도비** 【묘】 조선 전기의 문신. 어머니가 문종의 딸인 경혜공주敬惠公主이며, 중종반정에 참가 해평부원군海平府院君이 되었다. 사능리 사릉 능묘 위치.
- **정효준**鄭孝俊 **묘 및 신도비** 【묘】 조선 중의 문신. 사능리 사릉 능묘 위치.
- **해평사**海平祠 【사당】 해주 정씨 대종가에 있으며 정미수鄭眉壽와 정효준鄭孝俊을 모신 사당.
- **역전**驛前 【마을】 경춘선의 사릉역이 생기면서 역전마을 또는 역촌이라 하였다.
- **상늪께[상녹개]** 【들】 늪이 있었던 사릉 서쪽에 있는 들.

- **새술막 【마을】** 주막이 있었던 사릉리에 있는 마을.
- **서간다리 【다리】** 사릉리에 있는 다리, 세 간이 되었음.
- **성지굴 【골】** 사릉 북쪽에 있는 골짜기.
- **세월다리 【다리】** 사릉에 있는 다리.
- **식굴 【골】** 사릉에 있는 골짜기.
- **식굴모퉁이 【모퉁이】** 식굴에 있는 모퉁이.
- **아랫사갑들 【들】** 사갑들 아래에 있는 들.
- **안산案山 【산】** 사릉 앞에 있는 산.
- **윗굴[묘동廟洞] 【마을】** 사릉 아래에 있는 마을. 사당이 있음.
- **전우前隅 【마을】** 동네가 집단부락으로 앞모테이로 불려오다 정식으로 표기.
- **후우後隅 【마을】** 뒷모테이를 정식으로 표기.
- **이광수 은거지李光洙隱居址 【택지】** 뒷모테이를 정식으로 표기. 사능리 520-2번지에 위치하며 이광수가 1944년부터 잠시 머물면서 『돌베개』라는 책을 출판한 곳.
- **사릉역思陵驛 【역】** 1939년 7월 25일 간이역으로 개통. 1946년 국유철도에 편입되었으며, 사릉리 590-8번지에 위치.

「지락와도知樂窩圖」 － 강세황姜世晃이 해평사를 모델로 하여 그린 그림.

5) 진관리眞官里[진관眞官] 【리】

본래 양주군 진관면 지역으로서, 진관면이 있었으므로 진관이라 하였는데, 1914년 4월 1일 행정구역 통폐합에 따라 병동리와 월음리, 신촌리의 각 일부를 병합하여 진관리라 해서 진건면에 편입되고, 1980년 4월 1일 남양주군에 편입됨.

옛날 진관면의 중심지가 진관리였기 때문에 본진관이라 하다가 진관리라 한다.

- **골고개** 【고개】 목골에서 법골로 넘어가는 고개.
- **목골[목동木洞, 나무마을]** 【마을】 법골 서쪽에 있는 마을.
  어떤 역사力士가 있었는데 얼마나 힘이 세던지 산에 가서 나무를 한 짐만 해오면 말 4~5마리가 짊어지고 갈 정도를 해온다 하여 이 마을을 '나무를 많이 해오는 사람이 사는 마을'이라 하여 나무마을이라 하였음.
- **목골고개** 【고개】 목골에서 배양리 웃고재로 넘어가는 고개.
- **목골저수지** 【못】 목골에 있는 못.
- **문화촌文化村** 【마을】 1964년 9월 수재민을 수용하여 이룩된 밤나무골 북쪽에 있는 마을로 난민촌이라 불렸으나 70년대 초 부락 주민들이 부락이름이 좋지 않다 하여 문화촌이라 부르게 되었다.
- **밤나무골[율목동栗木洞]** 【마을】 본진관 서쪽에 있는 마을. 한국전쟁 후에 부락이 형성된 곳으로 그 전에는 밤나무가 많은 들판이었기에 부락이름을 밤나무골이라 부르게 되었음,
- **뱀굴** 【마을】 부락 골짜기마다 뱀이 많아 부락이름을 뱀골이라 부르게 되었다고 전해짐.

- **법法골[법동法洞]** 【마을】 목골 동쪽에 있는 마을. 성천부사成
  川府使 이씨李氏의 묘가 있었는데 이 묘의 위치와 방향이 묘
  하게 생기고 법法대로 앉았다하여 불린 명칭.
- **법골고개** 【고개】 법골 위에 있는 고개.
- **본진관本眞官** 【마을】 진관리의 본 마을.
- **진관眞官 고개** 【고개】 본진관에서 법골로 넘어가는 고개.
- **청데이** 【들】 진관 서쪽에 있는 큰 들.
- **효간사孝簡祠** 【사당】 정인지의 후손인 정세호鄭世虎의 사당.
- **충목사忠穆祠** 【사당】 사육신의 한사람인 유응부兪應孚의 사당.
- **진건장眞乾場** 【장시】 일제시기에 장이 형성되었다가 1960년대
  초에 폐지.

6) 배양리培養里[배암굴, 뱀굴, 배양동培養洞] 【리】

본래 양주군 진관면 지역으로서, 문령산(군 산천) 밑이 되므로
배남굴, 뱀굴 또는 배양동이라 하였는데, 1914년 4월 1일 행정구역
통폐합에 따라 고현리와 미읍면의 도농리 일부를 병합하여 배양리
라 해서 진건면에 편입되고, 1980년 4월 1일 남양주군에 편입됨.

- **가래대** 【마을】 배양리에 있는 마을.
- **고재[고현高峴]** 【마을】 지대가 높은 뱀굴 동쪽에 있는 마을. 부
  락 뒤에 높은 고개가 있으며 속칭은 '고재'이다.
- **꽃내미[안도리安道里]** 【마을】 꽃나무가 많았던 아랫고개 동쪽
  에 있는 마을.
- **꽃내미저수지** 【못】 꽃내미 북쪽에 있는 못.
- **뱀골** 【마을】 부락 골짜기마다 뱀이 많아 부락이름을 뱀골이
  라 부르게 되었다고 전해짐.

- **아랫고재**【마을】고재 아래쪽에 있는 마을.
- **아랫말**【마을】뱀굴 아래쪽에 있는 마을.
- **안골**[내곡內谷]【마을】뱀굴 안쪽에 있는 마을
- **안두리**【마을】배양리에 있는 마을.
- **어은동**漁隱洞【마을】물고기나 잡아먹고 평온하게 지내는 마을이라 하여 어은동이라 함.
- **웃고재**【마을】고재 위쪽에 있는 마을.
- **웃말**【마을】뱀굴 위쪽에 있는 마을.
- **원배양**元培養【마을】배양리의 원 마을.
  원래 배양리로 불렸는데 고현, 안도, 어은동을 합하여 배양리라 부르게 되면서 배양리의 근원지라 하여 원배양이라 칭함.
- **배양저수지**【못】배양리에 있는 못.
- **배양리 앞들**【들】배양리에 있으며 왕숙천 하류의 유역.
- **일패천**一牌川【내】배양리의 원 마을. 진건읍 배양리 문경산 밑에서 발원하여 양정동 왕자궁 홍릉천에서 합류.
- **문령산**文嶺山【산】배양리, 진관리와 사릉리 경계에 있는 산. 해발 156m.
- **정세호**鄭世虎 **묘**【묘】정인지의 후손. 배양1리 위고개에 위치.

5. 오남읍梧南邑

오남읍은 본래 풍양현에 속하였으며, 조선시대부터 한말까지 양주군 건천면과 접동면 일대에 속하였다. 1914년 4월 1일 행정구역 통폐합으로 어남상리, 어남하리, 오산리, 단곡리 일부가 통합 진건면에 편제되었다. 1980년 4월 1일에 양주군이 분리되어 남양주군 진건면으로 변경(법률 제3169호)되었으며, 1983년 2월 11일 진건면 양지리, 팔현리, 오남리가 진접면으로 이관편입(대통령령 제11027호)되었다. 1989년 4월 1일 진접면이 진접읍으로 승격되고, 1989년 4월 1일 진접읍 오남출장소로 개설(남양주군 조례 제839

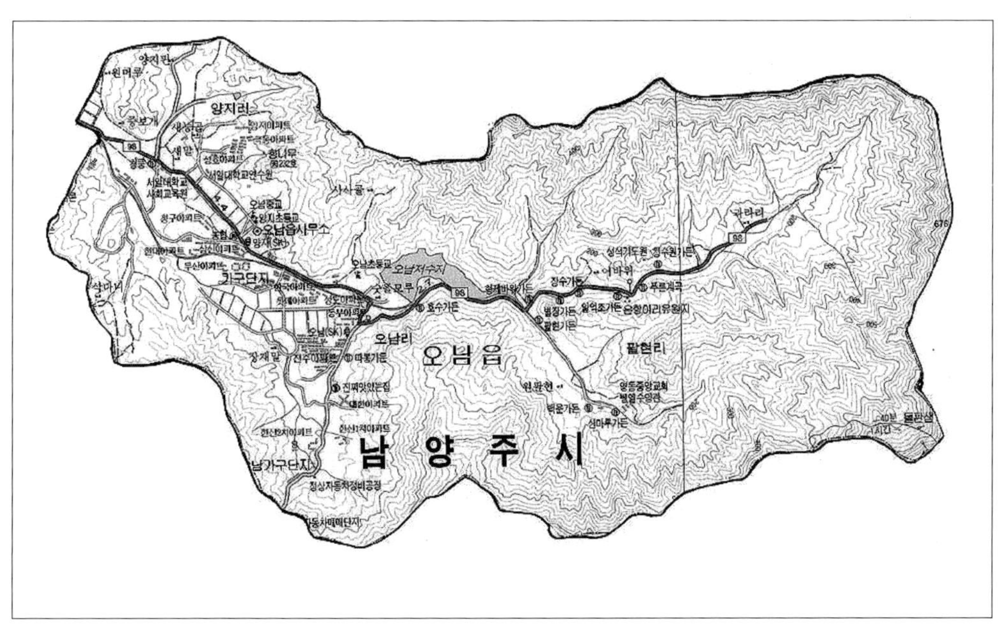

오남읍 지도

호)되었다가 1995년 5월 6일 진접읍에서 분리, 오남면으로 승격 (남양주시 조례 제454호)되었다. 현재 3개 리를 관할하고 있다.

1) 양지리陽地里[양지편陽地便, 양지陽地, 양지말]【리】

본래 양주군 건천면 지역으로서, 양지바른 곳이 되므로 양지말, 양지편 또는 양지라 하였는데, 1914년 4월 1일 행정구역 통폐합에 따라 단곡리와 점동면의 중포리 일부를 병합하여 양지리라는 명칭으로 진접면에 편입되고, 1980년 4월 1일 남양주군에 편입됨.

양지바른 곳이라 하여 유래된 이름.

- **간촌**間村 **【마을】** 평촌坪村과 여의천如意川의 중간부락.
- **양지교회 【교회】** 1958년 창립. 양지리 439번지 위치.
- **망세정지**望世亭址 **【터】** 양지리 326번지에 있는 심선沈璿의 정자터. 심선沈璿은 세종 때 벼슬하다가, 단종이 왕위를 찬탈당하자 이곳에 은거하였음.
- **심선**沈璿 **묘 및 신도비 【묘】** 조선 초기 문신. 세조의 왕위 찬

양지리 향나무와 양산재 ⓒ 윤종일

탈에 간여한 공으로 좌익원종공신 위에 올랐다. 장릉莊陵 조사단朝土壇과 옥과玉果에 있는 구암사龜巖祠에 배향. 양지리향나무와 같은 곳에 위치.

- **양지리향나무 【나무】** 양지리 530번지에 있는 향나무. 높이 13m, 뿌리 근처 둘레 7m, 가슴둘레 3.35m, 수령 500살. 천연기념물 제232호.
- **양산재陽山齋 【사당】** 거창 신씨의 재실.
- **심광언沈光彦 묘 및 신도비 【묘】** 조선 초기 문신. 양지편 마을에 위치함.
- **벌말[평리坪里, 평촌坪村] 【마을】** 새말 서남쪽 벌에 있는 마을.
- **삭다니[삭다리, 골말] 【마을】** 여우내 남쪽에 있는 마을. 옛날에는 '골말'이라 불렸는데, 이 마을에서 화재가 나서 마을 대부분이 타버려서 '모두 다 타버린 마을'이라는 의미의 '싹탄리'로 불리다가 '삭다리' 또는 '삭다니'로 불리게 되었다.
- **삭다니 고개 【고개】** 삭다니에서 벌말로 넘어가는 고개.
- **새노골 저수지 【못】** 새노골에 있는 못.

오남 저수지, 멀리 천마산이 보인다. ⓒ 윤종일

- **새능골[새노골]** 【마을】 새말 동쪽에 있는 마을.
- **심안인**沈安仁**과 정안옹주**貞安翁主 **묘** 【묘】 청성위靑城尉 심안인沈安仁과 세종의 따님 정안옹주貞安翁主 묘로서 양지리 새능 안에 있다.
- **새말[신촌**新村**]** 【마을】 벌말 동북쪽에 새로 된 마을.
- **세푼이 고개** 【고개】 새능골에서 금곡리로 넘어가는 고개.
- **여우내[여의천**如意川**]** 【내】 새능골 앞에 있는 내. 개울이름을 따 여의천이라 함.
- **오남저수지** 【못】 양지리에 있는 못.

2) 오남리梧南里 【리】

본래 양주군 건천면 지역인데, 1914년 1월 1일 행정구역 폐합에 따라 어남상리, 어남하리, 오산리, 단곡리 일부를 병합하여 오산과 어남의 이름을 딴 오남리란 명칭으로 진접면에 편입되고, 1980년 4월 1일 남양주군에 편입됨.

세조가 광릉산지를 찾으러 진접면 내각리 쪽에서 광릉방면으로 가는 길에 건너다보았다고 하여 이남리라 하였던 것이 와전되어 '의범리'라고 불러 오다가 지금 이름인 오남리가 되었다고 함.

- **꽃내미고개** 【고개】 장재말에서 진건면 용정리로 넘어가는 고개.
- **솔때배기** 【마을】 장재말 서쪽에 있는 마을. 솟대가 있었음.
- **수돌모루[오산동**梧山洞**]** 【마을】 오산리에서 으뜸 되는 마을. 숫돌이 났다 함.
- **수사골** 【마을】 수돌모루 서쪽에 있는 마을.
- **어남**於南 【마을】 태조 이성계가 진접읍 내각리에서 이 마을을 바라보았다 하여 어람이라 하다가 어남으로 변함.

- **어남상리**於南上里 【마을】 으나미 위쪽에 있는 마을.
- **오산**梧山 【마을】 앞산에 오동나무가 많다고 하여 생긴 이름.
- **으나미** 【마을】 장재말 남쪽에 있는 마을.
- **으나미고개[어남이고개]** 【고개】 으나미에서 진건읍 송릉리 웃독쟁이로 넘어가는 고개. 해발 150m.
- **장자**長者 【마을】 이 마을의 산세가 백만장자의 혈穴(묘터)이 있다하여 장자마을로 불리게 됨.
- **장재말[장잰말, 어남하리**於南下里**]** 【마을】 으나미 아래쪽에 있는 마을. 장자(부자)가 살았다
- **오남초등학교** 【학교】 1938년 진건공립심상소학교 오남간이학교로 인가. 1942년 4월 1일 오남간이학교 오남분교장을 변경되었다가, 1945년 9월 1일 오남국민학교로 승격하여 개교. 오남리 140번지 위치.
- **오남천**梧南川 【내】 오남리 해발 226.5m고지 골짜기에서 발원하여 양지리 벌말에서 진건천眞乾川과 합수.

3) 팔현一리八賢里[발안, 배라니, 배래니, 팔현八賢] 【리】

본래 양주군 건천면 지역으로서, 벌판 안쪽이 되므로 발안, 배라니, 배래니 또는 팔현이라 하였는데, 1914년 4월 1일 행정구역 통폐합에 따라 괘나리, 억바우, 식굴을 병합하여 팔현리라 해서 진건면에 편입되고, 1980년 4월 1일 남양주군 진접면으로 편입됨.

조선조의 명유인 점필재佔畢齋 김종직金宗直과 망세정忘世亭 심선沈璿 등 여덟 명의 선비가 이곳에서 항시 만나 강론을 하였다 하여, '여덟 현인이 은거했던 마을'이라는 의미를 가는다고 한다. 이와는 달리, 여덟 선녀가 이 마을에 내려와 목욕하고 올라갔기 때문에 '팔현'이라 불리게 되었다는 이야기도 있다.

- **괘라리**掛羅里【마을】억바위 동쪽에 있는 마을. 북창北窓, 정염鄭礛, 고옥古玉 정석鄭碩 형제가 살았음. 아주 험한 부락으로서 다래덤굴(나)에 걸린다(궤)하여 괘라리라 함.
- **남양 홍씨 4효정문**南陽洪氏四孝旌門【정문】팔현리에 있는 남양 홍씨 홍서구洪瑞龜, 홍주구洪疇龜, 홍우구洪禹龜, 홍응구洪應龜 4형제의 효자 정문.
- **식굴**【마을】억바우 남쪽에 있는 마을.
- **억바우[억암**億岩**]**【마을】괘라리 서쪽에 있는 마을. 바위가 많음.
- **정가네 집터**【터】팔현리 산 9번지에 있는 터. 북창北窓 정염鄭礛과 고옥古玉 정작鄭碏 형제가 살았던 구거지舊居址.
- **형제바우[형제암**兄弟岩**]**【바위】진건읍 팔현리 어귀에 검은 빛 큰 네 바위가 산에서부터 개울을 향하여 우뚝 서있는데 이것을 형제바위라 부름. 옛날 남양 홍씨南陽洪氏에 4효정문四孝旌門을 받은 홍서구洪瑞龜를 비롯하여 그 아우 주구疇龜, 우구禹龜, 응구應龜들이 이곳에서 사이좋게 놀던 자리라 하여 형제바위라는 이름이 전함. 또한 이 바위에 돌을 던지고 기원을 하면, 아들 형제를 낳는다고 하여 '형제바위'라 불린다는 유래가 전해지고 있다.
- **발현재**發賢齋【사당】조선 초기 문신인 하자종河自宗을 모신 사당으로 근래에 새로 조성.
- **진건천**眞乾川【내】팔현리 동쪽 궤라리 고개 골짜기에서 발원하여 진접읍 연평리 중포에서 왕숙천과 합수한다.
- **팔현 산신각**八賢山神閣【산신각】오남리 저수지 위에 위치.

6. 별내면別內面

본래 양주군 지역으로서 별비면別非面이라 하여 동학東鶴·응달應撻·흑석黑石·덕동德洞·도감都監·거묵巨墨·식송植松·모동廟洞·삼안三安·화접化蝶·간촌間村·퇴계원退溪院·전도全道·마전麻田·광암廣岩·내곡內谷·영지靈芝·동촌東村·서촌西村의 19개 동리를 관할하였는데, 1914년 4월 1일 행정구역 통폐합에 따라 내곡·영지·동촌·서촌 4개 리를 진접면에 넘겨주는 동시에 내동면內洞面의 입암笠岩·고산高山·산곡山谷의

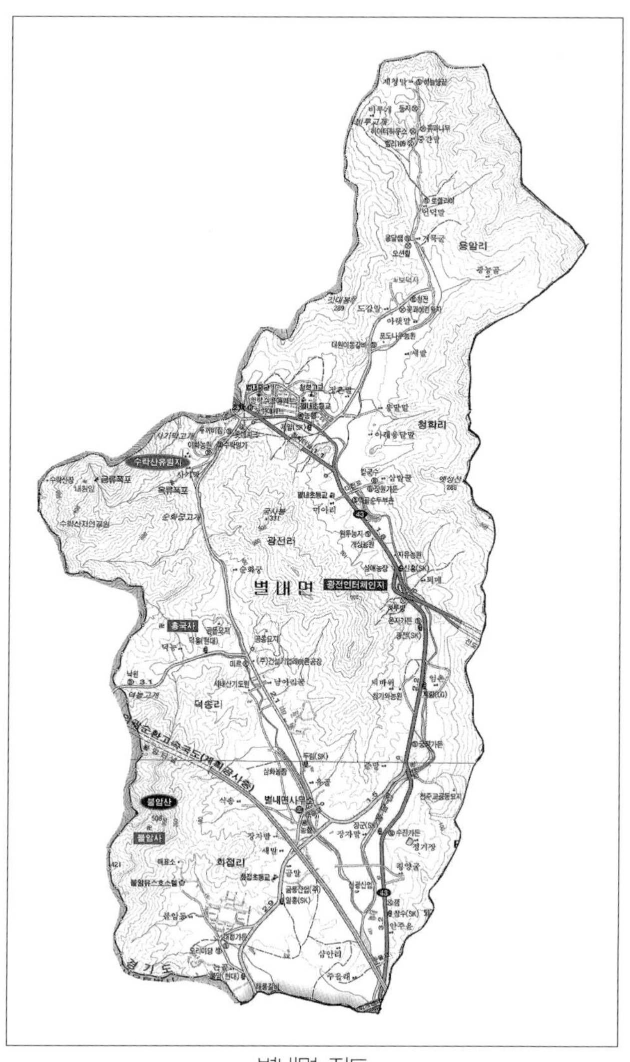

별내면 지도

3개 리와 진관면眞官面의 본진관리本眞官里 일부와 노원면蘆原面의 불암리佛岩里를 병합하여 별비와 내동의 이름을 딴 별내면이라 하여 고산·산곡·창학·용암·덕송·화접·퇴계원·광정의 8개 리로 개편·관할하였다. 1966년 7월 1일 퇴계원 출장소를 설치하고(군 조례 제147호), 1980년 4월 1일에 의하여 퇴계원 출장소를 설치하고, 1980년 4월 1일 남양주군에 편입(법률 제3169호)되는 동시에 고산·산곡 2개 리를 의정부시로 이관하였다. 1989년 4월 1일에는 퇴계원리가 면으로 분리·승격되었다. 1998년 현재 청학리·용암리·광전리·덕송리·화접리의 5개 리를 관할하고 있다.

1) 용암리龍岩里【리】

본래 양주군 별비면 지역인데, 1914년 4월 1일 행정구역 통폐합에 따라 도감리, 거묵리를 병합하여 용암산 밑이 되므로 용암리라 하여 별내면에 편입되고, 1980년 4월 1일 남양주군으로 편입됨.

옛날 용이 큰 바위에 앉았던 마을이라 한 데서 비롯된 명칭.

- **거묵巨墨【마을】** 옛날에 큰 묵이 나와서 거묵이라 함.
- **거묵굴巨墨窟[중말, 중촌中村]【마을】** 언덕말과 도감말 중간에 있는 마을. 숲이 많았음.
- **광릉光陵【마을】** 광릉산 아래의 부락이라 하여 광릉이라 함.
- **광릉光陵굴【마을】** 도감말 동북쪽 골짜기에 있는 마을. 광릉 앞산 밑이 됨.
- **내누리고개[뒷고개]【고개】** 제청말에서 포천군 내촌면 내누리로 넘어가는 고개. 마을 뒤에 있음.
- **닥밭【들】** 용암리에 있는 들. 닥나무 밭이 있었음.
- **당머루[당모루]【골】** 용암리에 있는 골짜기.

- **도감**都監【마을】도감벼슬을 한 자가 낙향하여 살았다 함.
- **도감말**【마을】용암리에 있는 마을. '도감포수都監砲手'가 살았다 함.
- **도감저수지**【못】도감말에 있는 못.
- **도치고개**【고개】광릉굴에서 진접면 내각리 대궐터로 넘어가는 고개.
- **방목굴**【골】용암리에 있는 골짜기.
- **범바골**【골】범바위가 있는 골짜기.
- **범바위[호암**虎岩**]**【바위】내누리고개 앞에 있는 바위. 범이 살았음.
- **병풍바위**【바위】용암리에 있는 바위. 병풍처럼 생김.
- **성현**星峴**[벼루개, 별고개, 비루개]**【마을】제청말 서남쪽에 있는 마을. 비루고개 밑이 됨. 볕을 딸 수 있을 만큼 높은 고개 밑에 위치한 부락이어서 성현이라 하고 일명 비루개로 불린다.
- **비루고개[별고개]**【고개】비루개 서북쪽에 있는 고개. 의정부시 가산동 갓바위로 연결. 해발 190m.
- **삿갓바위**【바위】용암리에 있는 바위. 삿갓처럼 생김.
- **샘재**【고개】제청말 동쪽에 있는 고개. 샘이 있음.
- **샛말**【마을】웃말과 아랫말 사이에 있는 마을.
- **아랫도치고개**【고개】도치고개의 아랫고개.
- **아랫말**【마을】언덕말 아래쪽에 있는 마을.
- **언덕말**【마을】거묵굴 북쪽에 있는 마을. 언덕이 됨. 중간말과 지목 사이에 있는 마을에 언덕이 가파르기 때문에 언덕마을이라 칭한다.
- **연못둔지고개**【고개】도감말에서 의정부시 민락동 세석으로 넘어가는 고개.

- **웃도치고개 【고개】** 도치고개의 위쪽 고개.
- **웃말 【마을】** 제청말 위쪽에 있는 마을.
- **응달말 【마을】** 도감말 남쪽에 있는 마을.
- **재작나뭇골 【골】** 자작나무가 많은 용암리에 있는 골짜기.
- **절골 【골】** 절이 있었던 용암리에 있는 골짜기.
- **제비바위 【바위】** 제비집이 많은 광릉굴에 있는 바위.
- **중촌中村[중간말] 【마을】** 용암리 8개 마을 중앙에 위치한다하여 생긴 명칭.
- **제청말[제청祭廳] 【마을】** 아랫말 북쪽에 있는 마을.
  조선시대에 산신제를 지내는 제청祭廳이 부락앞산에 있어 제청마을이라 함.
- **용암천龍岩川 【내】** 용암리 제청말에서 발원하여, 하구는 퇴계원면 퇴계원리다.
- **채릉 【등】** 용암리에 있는 등성이.
- **핵계리고개 【고개】** 언덕말에서 의정부시 민락동 잔동배기로 넘어가는 고개.

용암천 ⓒ 윤종일

- **형제봉**兄弟峯 【산】 용암리에 있는 산. 들이 형제처럼 서 있음.
- **주을내[주을천]** 【내】 별내면 용암리 수리봉에서 발원하여 남
  쪽으로 흘러 화접리에 이르러서 덕송내와 합쳐져 퇴계원리
  에서 왕숙천으로 들어감.
- **용암산**龍岩山 【산】 별내면 용암리, 청학리와 진접읍 내각리 경
  계에 있는 산. 해발 359m. 용처럼 생긴 바위가 있음.
- **수리봉** 【산】 별내면 용암리와 진접읍 부평리 경계에 있는 산.
  해발 536.8m.

2) 청학리靑鶴里[동학굴東鶴窟, 동학동東鶴洞, 청학동靑鶴洞] 【리】

본래 양주군 별비면 지역으로서, 동학굴 또는 동학동, 청학동이
라 하였는데, 1914년 4월 1일 행정구역 통폐합에 따라 응달리, 흑
석리, 덕동리의 각 일부를 병합하여 청학리라 해서 별내면에 편
입되고, 1980년 4월 1일 남양주군에 편입됨.
청학이 동편 은행나무에 살았다하여 청학리라 함.

- **거묵둔지** 【들】 청학리에 있는 들.
- **내원암**內院庵[성절, 승절] 【사찰】 사기막 서쪽 수락산 밑에 있
  는 절. 창건 연대는 알 수 없고, 다만 1794년(정조 18)에 칠

「금류동천」 암각문

성각七星閣을 짓고, 이어 내탕금으로 사성전四聖殿, 1825년(순조 25)에 지족루知足樓를 지은 후 1831년(순조 31)에 역시 내탕금으로 모두 단청하였음. 1950년 한국전쟁 때 소실되었으나 1955년 칠성각과 요사, 1968년에 대웅전을 다시 세웠음. 정조가 왕세자가 없어 걱정함을 본 이 절의 용파龍坡 스님이 삼각산 금선암의 농산聾山 스님과 상의하여 기원한 결과 왕세자(순조)로 태어나게 하였다 함.

- **사기막**砂器幕**[마당바위]** 【마을】 마당바위가 있는 마을. 고려시대에 사기를 제조하던 막幕이 있었다하는데서 비롯되었음.
- **순화궁고개** 【고개】 사기막에서 순화궁으로 넘가는 고개. 해발 100m.
- **마당바위** 【바위】 월촌 서남쪽에 있는 바위. 높이 11자, 길이 17자, 너비 13자. 위가 마당처럼 평평함.
- **벌말** 【마을】 동학굴 남쪽 벌판에 있는 마을.
- **쌍백정지**双栢亭址 【터】 청학리 입구에 있었던 남용익의 정자가 있었던 터.
- **범바위[호암**虎岩**]** 【바위】 청학리에 있는 바위.
- **비선골** 【골】 범바위 옆에 있는 골짜기.
- **새말[신촌**新村**]** 【마을】 동학굴 동쪽에 새로 된 마을.
- **숫돌고개** 【고개】 월촌 서쪽에 있는 고개. 의정부시 용현동 거문들로 넘어간다. 해발 110m.
- **안말** 【마을】 동학굴의 안쪽 마을.
- **어두니고개** 【고개】 동학굴에서 의정부시 산곡리로 넘어가는 고개.
- **약재이고개[양쟁이고개]** 【고개】 동학굴에서 용암리로 넘어가는 고개.
- **옥류동**玉流洞 【골】 청학리에 있는 골짜기. 폭포가 있음.

- **옥류동폭포**玉流洞瀑布 【폭포】 옥류동에 있는 폭포.
- **월촌**月村 【마을】 동학굴 남쪽에 있는 마을. 동학부락에서 볼 때 건너편 마을이라 하여 월촌이라 함.
- **응달말[응달촌]** 【마을】 동학굴 동쪽에 있는 마을. 동쪽에 높은산(예성산)이 있으며 부락이 서편으로 향했기 때문에 응달진 마을이라 한데서 비롯.
- **작은어두니고개** 【고개】 어두니고개의 작은 고개.
- **잣고개** 【고개】 응달말에서 진접면 내각리 대궐터로 넘어가는 고개.
- **정촌**鄭村**말** 【마을】 응달말 남쪽에 있는 마을. 정씨가 살았다고 하는데서 정씨촌鄭氏村 이라함.
- **청학교**青鶴橋 【다리】 동학굴 앞에 있는 다리.
- **큰어두니고개** 【고개】 어두니고개의 큰 고개.
- **투구봉** 【산】 청학리에 있는 산. 투구처럼 생겼음.
- **장암[마당바위]** 【바위】 바위가 마당만큼 커서 마을의 이름도 마당바위라 불림. 바위의 모양이 기이하여 중간은 굽었고, 좌우는 넓어서 빗물이 잘 빠져 항상 사람이 앉을 수 있다. 위에는 100여 명이 앉을 수 있고 탈 수도 있다는 이 바위는 옛날 측량원이 지나다가 올라와보고 농민들과 같이 즐기기도 하였다.
- **국사봉**國賜峯 【산】 원종공신 의령 남씨宜寧南氏 남복홍 사패지지(賜牌之地 ; 왕족, 국가유공자에게 일정한 토지를 하사하여 그 토지의 수업으로 생활하도로 하는 국자 포상법)다. 국사봉은 남씨네 사패지 구역 내에 있는 산봉우리라 나라에서 사패받은 봉우리라는 뜻으로 국사봉이라 불려왔다 함. 별내면 청학리와 용암리 경계에 있는 산. 해발 358m. 옛 집터, 범 바위골, 북망산北邙山, 비선곡飛仙谷이 있다.

- **수락산**水落山【산】도봉산과 마주하여 불암산 북방에 사암砂岩으로만 된 산. 사암산이어서 수목은 울창하지 못하나 산중에 금류동金流洞, 은선동隱仙洞, 옥류동玉流洞의 세 소沼가 있어 서울 시민들에게 훌륭한 휴식처가 됨. 수락산의 모든 봉우리는 거의 전부가 서울을 향하여 고개를 숙이고 있다. 그래서 태조 이성계는 서울 수호산이라고 칭하였다 한다. 수락연봉水落連峯은 과거 한양방어선이었다고 한다.

- **동학**東鶴**굴[동학꼴, 동학동**東鶴洞]【마을】동네가 크며, 앞산이 잘룩 잘룩 셋이 있는데 먼 데서 보면 마치 학이 날아가는 것 같은 형국 같고 그 학이 동쪽으로 머리를 두어 동쪽으로 날아간다는 것 같다는 전설이 전하여 진다.

- **박수고개**【고개】동학골에서 의정부시 고산동 독바위로 넘어가는 고개. 해발 150m.

- **열녀 박씨**烈女朴氏 **정문지**旌門址【정문】남복홍의 처 열녀 의령 박씨의 정문.

- **남선**南銑 **묘 및 신도비**【묘】조선 중기의 문신. 청학리 산78번지 위치. 남양주시 향토유적 제7호.

- **남병철**南秉哲 **묘 및 신도비**【묘】조선 후기의 문신. 청학리 산78번지 위치.

- **남효의**南孝義 **묘 및 신도비**【묘】조선 중기의 문신. 남재의 현손이자 생육신 남효온의 종제. 청학리 산78번지 위치.

- **남용익**南龍翼 **묘 및 신도비**【묘】조선 중기의 문신·학자. 청학리 산27-2번지 위치.

- **이홍술**李弘述 **신도비**【묘】조선 중기의 무신. 청학리 산90번지 수락산 마당바위 유원지 대하휴게소 옆 위치.

3) 광전리廣田里 【리】

　본래 양주군 별비면 지역인데, 1914년 4월 1일 행정 구역 통폐합에 따라 마전리, 광암리, 응달리 일부가 병합되어 광암과 마전의 이름을 따서 광전리라는 명칭으로 별내면에 편입되고, 1980년 4월 1일 남양주군에 편입됨.
　조선시대 한양 밖에서 제일 큰 밭이 이곳에 있어 광전리라 함.

- **광전교**廣田橋 【다리】 광전리에 있는 다리.
- **광암**廣岩[넉바위] 【마을】 광전리에 있는 마을. 넓은 바위가 부락 뒷산에 있어 광암이라 한다.
- **별내초등학교** 【학교】 1934년 별내보통학교로 설립 인가. 1934년 10월 1일 별내보통공립학교로 개교. 광전리 산87-1번지 위치.
- **광암교회** 【교회】 1958년 창립. 광전리 647번지 위치.
- **넉바위**[광암廣岩] 【바위】 입촌 서쪽에 있는 넓은 바위. 높이 30자, 길이 25자, 너비 20자. 마을 뒤에 기이하고 웅장한 바위가 있는데 길이가 7.5m, 너비가 6m, 높이 9m 윗머리는 흡사 맞잔등처럼 된 기암이 좌우의 송림 속에 엄연히 독립되어있어서 넉바위, 일명 '넓은바위'라 불려짐. 이 바위는 이성산里城山과 불암산佛岩山 중간에 있는데 임진왜란 당시 불암산에는 우리 군대가 진을 치고 이성산에는 왜군이 진을 쳤다고 하며 지금도 성터와 샘물이 남아있다.
- **산하**山下[미아리] 【마을】 삼밭굴 서남쪽에 있는 마을.
- **벌말** 【마을】 중말 동쪽에, 벌이 있는 마을.
- **삼밭굴**[마전麻田] 【마을】 퇴메 북쪽에 있는 마을. 조선시대 삼

을 많이 재배하던 밭이 있어 마전이라 하였고 삼밭꼴로 통한다.

* **안말**【마을】미아리 안쪽에 있는 마을.
* **윗굴고개**【고개】중말에서 덕송리 윗굴로 넘어가는 고개.
* **임촌任村**【마을】넉바위 동쪽에 있는 마을. 임씨任氏가 많이 살았다는 마을이라 한데서 비롯.
* **전두치고개**【고개】퇴뫼에서 진접읍 내곡리 전두치로 넘어가는 고개.
* **중말[중촌中村]**【마을】넉바위 남쪽에 있는 마을. 덕송德松, 화접花蝶, 광전리廣田里의 중앙에 위치하는 데서 비롯. 중촌이라고도 한다.
* **퇴뫼[퇴메, 태봉胎峯]**【마을】임촌 북쪽에 있는 마을. 퇴뫼산 (군 산천)밑이 됨.
  왕자의 태를 뒷산에 묻었다는 데서 비롯.
* **옛성산[고성산]**【산】별내면 광전리, 청학리와 진접읍 내각리 경계에 있는 산. 해발 371.8m. 옛 성터가 있는데, 을지문

광전리 산성의 성벽 일부 ⓒ 윤종일

덕 장군이 쌓았다는 전설이 있음.

- **학계산**鶴鷄山 **【산】** 별내면 광전리와 덕송리 경계에 있는 산. 해발 311.8m. 넉바위가 있음.
- **태봉**胎峯**[퇴뫼산] 【산】** 옛성산 남쪽에 있는 산. 옛 왕자의 태를 묻었다 함.
- **보성군**寶城君 **이용**李容 **묘 및 신도비 【묘】** 효령대군孝寧大君의 셋째 아들. 광전리 주을곡 위치.
- **견성군**甄城君 **이돈**李惇 **묘 【묘】** 성종成宗과 숙의 홍씨淑儀洪氏 소생. 광전리 산153-5번지 위치.
- **선성군**宣城君 **이흠**李欽 **묘 【묘】** 완산군完山君 이수성李壽誠의 아들. 견성군甄城君 묘 아래에 위치.

4) 덕송리德松里 【리】

본래 양주군 별비면 지역인데, 1914년 4월 1일 행정구역 통폐합에 따라 식송리, 묘동리, 덕동리가 병합되어 덕동과 식송의 이름을 따서 덕송리라는 명칭으로 별내면에 편입, 1980년 4월 1일부로 남양주군에 편입됨.

선조의 생부인 덕흥대원군의 능산에 송림松林이 울창하여 이를 따서 덕송리라 함.

- **남아릿굴[남아리골, 남아리꿀] 【마을】** 싱근솔 북쪽에 있는 마을. 인적이 드물고 유일하게 한집밖에 없었고, 시골 깊숙한 곳 이라 남아리꿀이라 하였다.
- **덕송리교회 【교회】** 1942년 창립. 덕송리 175번지 위치.
- **덕릉**德陵 **【마을】** 덕릉 밑에 있는 마을.
- **덕흥대원군**德興大院君 **이초**李岹 **묘 및 신도비 【묘】** 흥국사 위쪽

에 있는 조선 제14대 선조의 생부 덕흥부원군의 묘. 경기도 기념물 제55호. 덕송리 산55번지 위치.

- **하원군**河原君 **이정**李鋥 **묘 및 신도비** 【묘】 덕흥부원군과 하동부대부인 정씨의 큰 아들. 덕송리 산5번지 위치.
- **응천군**凝川君 **이돈**李潡 **묘** 【묘】 덕흥부원군 묘역 우측 산 중턱에 위치.
- **이홍일**李弘逸 **묘** 【묘】 덕송리 덕송마을 덕흥사 뒤 위치.
- **권절**權節 **묘** 【묘】 세조 때 생육신生六臣의 한 사람. 덕송리 산 12-1번지에 위치.
- **이정한**李挺漢 **묘** 【묘】 덕송리 덕송마을 신안군부인 이씨 묘역 아래 덕흥사 위 위치.
- **신안군부인 이씨**新安郡夫人李氏 **묘** 【묘】 덕송리 덕송마을 응천군 이돈李潡 묘역 우측 이정한李挺漢 묘역 바로 위에 위치.
- **덕흥**德興 【마을】 덕흥대원군의 능 안에 위치한 부락이어서 덕흥이라고 한다.
- **덕흥사**德興祠 【사당】 덕흥대원군의 위패와 모당母堂인 창빈 안씨昌嬪安氏, 그리고 하원군河原君 등의 위패를 모신 사당.
- **덕릉고개[당고개]** 【고개】 덕릉 서쪽에 있고 서울특별시 도봉구 상계동 당고개로 넘어가는 고개. 덕흥대원군이 살았던 장소로서 고개를 넘어 다니기가 힘들었고, 아울러 대원군의 묘가 있어 덕릉고개라 유래한다. 해발 150m.
- **독산** 【산】 싱근솔 서쪽에 있는 산. 돌로 됨.
- **덕릉마을 산신각** 【산신각】 덕흥대원군 묘 아래에 있는 덕릉마을에 위치하며 음력 1월과 10월에 마을의 안녕과 평화를 기원하는 산신제를 지내고 있다. 경기도 민속자료 제9호.
- **범바위[호암**虎岩**]** 【바위】 웃굴 뒤에 있는 바위. 범처럼 생겼다 함.
- **순화궁**順和宮 【마을】 덕릉 북동쪽에 있는 마을. 선조의 왕자 순

덕송마을 산신각 ⓒ 윤종일

화군의 무덤이 있음.

- **순화궁고개** 【고개】 순화궁 서북쪽에 있는 고개. 의정부시 장암동으로 넘어감.
- **덕송천**德松川 【내】 국사봉 밑 순화궁 골짜기에서 발원하여 화접리에서 용암천과 합수한다.
- **식송**植松[**싱근솔**] 【마을】 유꿀 서쪽에 있는 마을. 소나무를 많이 심었다하여 식송이라 함.
- **약물터** 【약수】 독산에 있는 약물 터.
- **유꿀[묘동**廟洞, **요꿀]** 【마을】 싱근솔 동남쪽에 있는 마을. 옛날 사당祠堂이 있었다하여 묘동이 되었고 '묘문'이 변하여 묘꿀로 불리고 있다.
- **장자**長者**밭[장자전**長者田] 【마을】 남아릿굴 북쪽에 있는 마을.
- **흥국사**興國寺[**덕절, 흥덕사**興德寺, **수락사**修樂寺] 【사찰】 수락산 아래 남아릿굴 북서쪽에 있는 절로 봉선사의 말사이다. 599년

흥국사 대웅보전 ⓒ 윤종일

(진평왕 건복 16)에 창건하고 수락사라 하였는데, 1568년(선조 원년)에 덕흥대원군의 원당願堂을 짓고 흥덕사라 하다가, 1626년에 흥국사로 고치고, 1818년(순조 18)에 기허騎虛가 다시 세우고, 1878년(고종 15)에 용암庸庵이 중건함.

- **흥국사 약사전**興國寺藥師殿【사찰】흥국사 내에 있는 전각으로 약사여래를 모셨는데, 아주 영검하다 하여 병이 든 사람들이 모여들어 치성을 다함. 본래 서울특별시 성북구 정릉동 약사사에 모셔져 있었는데, 하도 영검해서 모여드는 사람들이 날마다 저자를 이루므로, 1920년 중들이 피곤하여 "약사 부처님 때문에 우리가 이 고생이라" 하고 원망하였더니, 밤새에 부처가 없어졌다 한다. 사방으로 찾다 근처 개울가에 가에서 발견했는데 옮기려 해도 움직여지지 않아서 갈 곳을 여러 가지로 물은 결과 흥국사로 결정하고 옮기는데 힘 하나 안 들이고 이곳까지 와서 멈추었다 함.

- **순화군**順和君 **이보**李玒 **묘 【묘】** 선조와 순빈 김씨順嬪金氏 소생 순화군 이보의 묘. 덕송리 산1-1번지 순화궁 고개 순화군 묘역 위치.
- **순빈 김씨**順嬪金氏 **묘 【묘】** 선조의 후궁 순빈 김씨 묘. 덕송리 산1-1번지 순화궁 고개 순화군 묘역 위치.

5) 화접리花蝶里[곶나리, 화접花蝶] 【리】

본래 양주군 벌비면의 지역으로서, 지형이 곶으로 되었으므로 곶나리 또는 화접이라 하였는데, 1914년 4월 1일 행정구역 통폐합에 따라 삼안리, 간촌리와 노원면의 불암리를 병합하여 화접리라 칭하고 별내면으로 편입시켰다. 1966년 7월 11일에는 퇴계원출장소의 관할이 되고, 1980년 4월 1일부로 남양주군으로 편입됨.

- **가닥밭골 【골】** 가닥(갈)나무가 많았던 화접리에 있는 골짜기.
- **골말**[곡촌谷村, 궐말] **【마을】** 곶나리 안쪽, 골짜기에 있는 마을.
- **주을내 【마을】** 곶나리 동쪽에 있는 마을. 주을내(군 산천)가 됨.
- **김효원**金孝元 **묘와 신도비 【묘】** 조선 중기의 문신. 화접6리 산 24-1번지 위치.
- **정거장 【마을】** 화접리에 있는 마을.
- **화접초등학교 【학교】** 1946년 별내초등학교 화접분교장으로 인가. 1950년 화접국민학교로 승격, 개교. 화접리 388번지 위치.
- **치마바위 【바위】** 화접리에 있는 바위. 치마처럼 생김.
- **하얀산 【산】** 화접리에 있는 산. 나무가 없고 흰바위만 있음.
- **석천암**石泉庵 **【사찰】** 화접리 산97번지, 곧 불암산에 있는 봉선사의 말사이다. 신라 때 지증국사가 지었다 하나 조선 중엽에 폐사되었는데, 1882년(고종 19)에 이오위장李五衛將이 다

시 세우고, 1922년 김한구金漢九가 보수, 1956년 한창근이 돌로 법당을 지었음.

- **새말【마을】** 화접리에 새로 된 마을.
- **가굴【굴】** 박쥐가 많은 불암굴 서북쪽에 있는 굴.
- **노원고개【고개】** 불암굴에서 서울특별시 하계동으로 넘어가는 고개. 해발 210m.
- **논골【마을】** 삼안리 동쪽에 있는 마을. 논이 많이 있음.
- **담터고개【고개】** 논골에서 서울시 동대문구 신내동으로 넘어가는 고개.
- **딴릉【마을】** 골말 북쪽에 있는 마을. 건원릉 터로 잡으려 했다 함.
- **너머평양굴【마을】** 평양궁 너머에 있는 마을.
- **남을번南乙蕃 묘【묘】** 조선 개국공신 남을번의 묘. 화접리 282-1번지 위치.
- **남재南在 묘 및 신도비【묘】** 조선 개국공신 남재의 묘. 화접리 282-1번지 위치.

남을번, 남재 묘역 ⓒ 윤종일

경기도 문화재자료 제114호.

- **충경사**忠景祠【사당】조선 개국공신 남재南在를 모신 사당.
- **불암**佛岩**굴**【마을】골말 서쪽, 불암산 밑에 있는 마을.
- **불암사**佛岩寺【사찰】불암동 천보산 아래에 있는 절로 봉선사의 말사이다. 신라 말에 지증智證이 창건, 도선道詵이 중건하였으며, 무학無學이 중창, 1855년(철종 6)에 서악명관瑞岳明瓘, 보성寶城, 춘봉春峰, 혜월慧月 등이 중수하였음. 경내에 불암사 사적비가 서 있고, 보물 제591호의 석씨원류釋氏源流와 지방문화재 제53호의 경판 31종 591장이 보존되어 있음.
- **삼안리**三安里[**삼안**三安, **삼안이**]【마을】골말 동쪽에 있는 마을. 옛날에 본관이 다른 안씨 삼가가 살았다하여 삼안이라 한다.
- **새말고개**【고개】새말 위에 있는 고개.
- **샛말**[**간촌**間村]【마을】골말 북쪽에 새로 된 마을. 골말과 장자말 사이가 됨.
- **샛말고개**【고개】샛말에서 골말로 넘어가는 고개.
- **샛말연못**【못】샛말에 있는 연못.
- **쑥고개**【고개】딴능에서 삼안리로 넘어가는 고개. 쑥이 많음.
- **잣나무골**【마을】삼안리 동쪽에 있는 마을. 잣나무가 있었음.
- **평양굴**【마을】잣나무골 북쪽에 있는 마을.
- **장자**長者**말**【마을】샛말 북쪽에 있는 마을. 장자(부자)가 살았다 함.
- **평양**平陽【마을】양지편 마을이라 한다.
- **한효원**韓效元 **묘 및 신도비**【묘】조선 초기 문신으로 영의정 역임. 화접리 산11-1번지 위치.
- **주을천**注乙川[**주을내**]【내】태조의 능지를 화접리에 있는 다른 능에다 선정한 후 능지의 적지 여부를 중국에 문의하였는데 적지의 땅이 아니라는 결론이 나와 동구릉에 재선정하게 되

었다. 그 사이 영의정 남재南在가 죽게 되어 다른 곳에 장지를 선정하고 동시에 하관키로 하였으나 통신망이 발달하지 못하여 줄을 매어 신호를 보내게 되었는데 그 줄이 지나간 부락이라 하여 주을천 부락이라 하고 속칭 '줄흘내'라 부른다.

- **신촌**新村 【마을】 해방 후 신설부락.
- **곡출** 【마을】 '골말'이라 한다.
- **간촌[샛말]** 【마을】 '샛말'이라 한다.
- **윤천뢰**尹天賚 **묘 및 신도비** 【묘】 조선 후기의 문신. 화접리 산 58-1번지 위치.
- **불암**佛岩 【마을】 불암산 아래 위치한 부락.
- **불암산**佛岩山 【산】 옛 노해면과 별내면에 걸쳐있다. 창동역 동쪽으로 바라다 볼 수 있는 위치이다. 서편은 한강지류 두험천평야豆險川平野 건너 북한강과 마주하고 있으며 최고봉의 해발은 570m이다. 험준한 바위산으로 봉 그 자체가 한 개의 준험한 거암 같은 느낌까지 준다. 불암의 제2봉은 제일봉의 남쪽에 420m의 표고로 깎아지른 듯 우뚝 솟아있다. 산세가 아름답고 하나의 화원을 이룸. 정상에 산성지가 남아있다.
- **불암천**佛岩川 【내】 불암산 골짜기에서 발원하여 퇴계원면 퇴계원리에서 용암천과 합수한다.
- **신임**申銋 **묘** 【묘】 조선 후기의 문신. 소론의 영수인 박세채朴世采의 문인. 화접리 주곡注谷에 있다.

7. 퇴계원면退溪院面

양주군 별비면 지역으로서 도제원이 있었으므로 도제원 또는 토원이라 하던 것이 변하여 퇴조원 또는 퇴계원이 되었다. 1914년 4월 1일 행정구역 통폐합에 따라 진도리 일부와 진관면 본진관리 일부를 병합하여 퇴계원리라 해서 별내면에 편입되었는데, 1966년 7월 11일 퇴계원 출장소가 설치되고(조례 제147호), 1980년 4월 1일 남양주군에 편입(법률 제3169호)되었다. 1989년 4월 1일 면으로 승격되어 퇴계원리를 관할하고 있다.

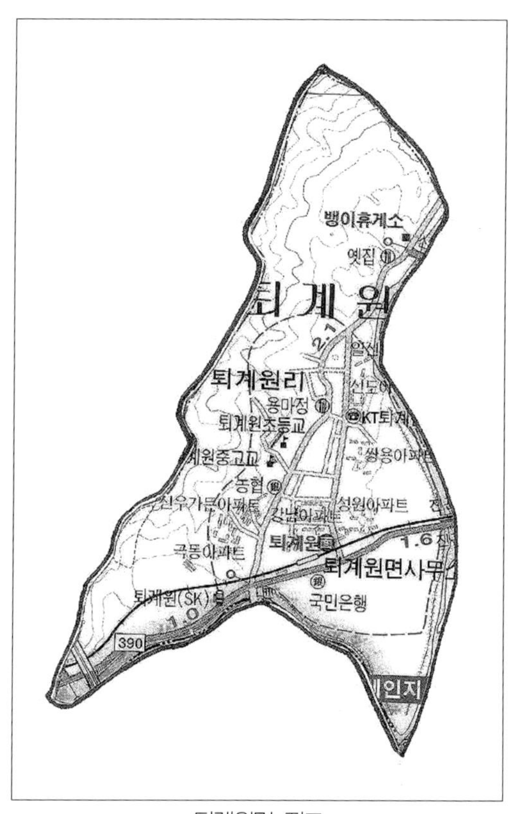

퇴계원면 지도

1) 퇴계원리退溪院里[도제원道濟院, 토원兎院, 퇴조원退朝院, 퇴
   계원退溪院] 【리】

전해오는 말에 의하면, 조선 태조가 왕자의 난을 아주 미워하
여 함흥에 가있다가, 신하들의 권고에 못 이겨 이곳 냇가에 이르
렀다고 한다. 하지만 삼각산(도 산천)의 세 봉우리를 바라보다 분
이 복받쳐 다시 풍양궁(진접읍 내각리)으로 물러갔으므로 퇴조원
이라 하다가 퇴계원으로 변하였다 한다.

또한 예종이 선왕인 세조의 능인 광릉에 참배차 행차하는데 교
통이 불편하여 길을 새로 만드는데, 냇가를 길로 닦기 위하여 밖
으로 물리쳤기 때문에 퇴계원으로 부르기 시작하였다 함.

- **간댓말** 【마을】 퇴계원초등학교 서북쪽에 있는 마을로 가운
  데 있는 마을이라 해서 간댓말이라 불린다.
- **제일교회** 【교회】 1907년 창립. 퇴계원리 97-3번지 위치.
- **고인돌[지석묘芝石墓]** 【고적】 퇴계원리 74번지에 있는 고인돌.
  무늬 있는 흙그릇이 나왔음.
- **뒷고개[퇴계원退溪院고개]** 【고개】 퇴계원 뒤에서 별내면 화접
  리 정거장으로 넘어가는 고개이기 때문에 붙여졌음.
- **인산터고개** 【고개】 인산터로 가는 고개.
- **공동묘지고개** 【고개】 공동묘지로 가는 고개.
- **무리미고개** 【고개】 퇴계원중학교와 퇴계원고등학교 사이에 있
  는 고개. 퇴계원에서 별내면 광전리로 넘어갈 때 이용하는
  고개이다.
- **말티고개[마치馬峙고개]** 【고개】 퇴산에 있는 고개 혹은 산정
  에 있는 고개.

- **백양**白羊[뱅이, 배양리] 【마을】흰양과 같은 고개 밑에 위치한 부락이라 하여 백양이라 함. 안말 북쪽에 있는 마을.
- **뱅이고개**[지남철고개] 【고개】뱅이에서 진접읍 내곡리로 가는 고개.
- **번정골** 【마을】뱅이마을 앞에 있는 마을. 현재 헤론기도원이 있는 마을이다.
- **신하촌**新河村 【마을】퇴계원 동쪽에 새로 된 마을.
- **아랫말** 【마을】퇴계원의 아래 마을.
- **안말**[내촌內村] 【마을】퇴계원 안쪽에 있는 마을.
- **바우배기** 【논】안말 서쪽에 있었던 논지역이다. 간댓말을 지나 말티고개 가는 길에 있다. 이 근처에 바위가 많아 바우배기라 불리었다. 현재 강남아파트가 들어섰다.
- **주막**酒幕[술막] 【마을】주막이 많이 있었던 퇴계원역 앞에 있는 마을.
- **퇴계원역**退溪院驛 【역】1939년 7월 25일 보통역으로 개통, 퇴

퇴계원역 ⓒ 윤종일

계원리 218번지에 위치한 경춘선의 기차 정거장.

- **신가촌**新訶村【마을】 이전에는 다리촌으로 불렀으나 1964년 9월 18일 큰 홍수로 인해 집이 떠내려가 새로 정착한 사람들이 신가촌이라 하였음.
- **퇴계원장**退溪院場【장시】 일제시기에 장이 형성되었다가 1960년대 초 폐지.

8. 수동면水洞面

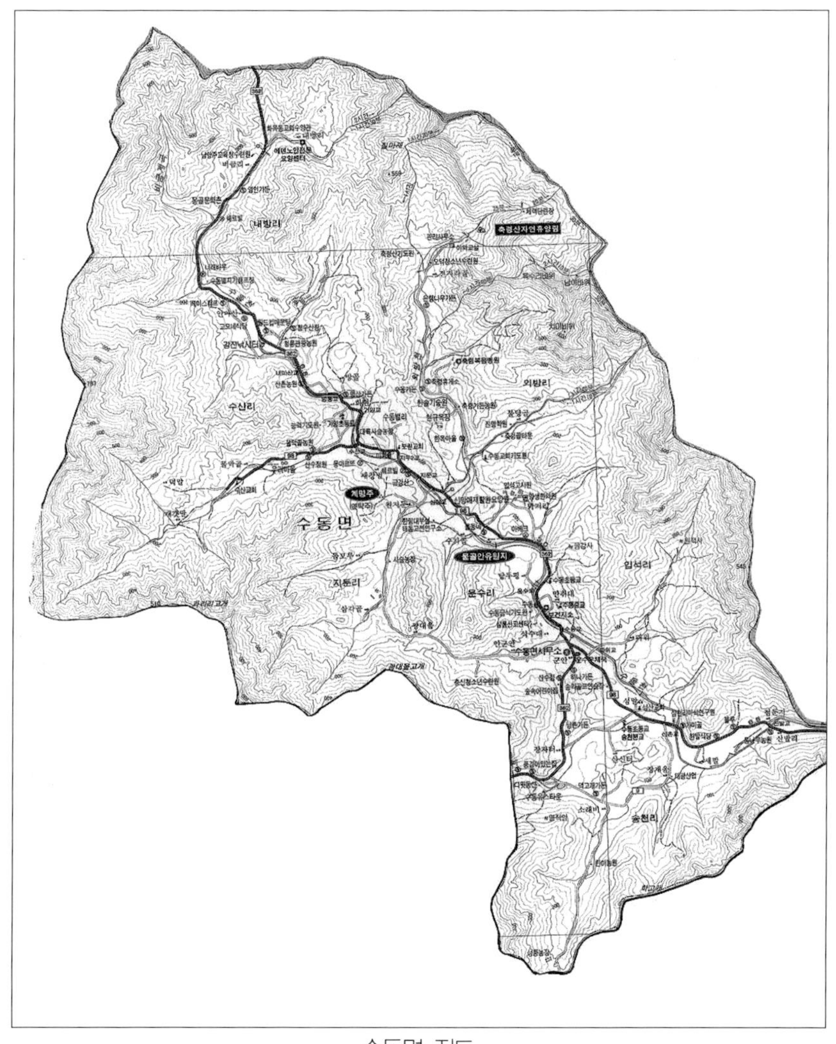

수동면 지도

현 수동면 일대는 한말에 양주군 상도면·진벌면 그리고 가평군에 일부 속해 있었다. 1919년 4월 1일 행정구역 통폐합 당시 상도면의 석수대·당두평·운하리 일부, 장천리의 일부가 화도면 운수리로 통합되었고 상도면의 송라동 전부, 장천리·등경동 각 일부가 화도면 송천리로 통합되었으며 상도면의 지둔리는 그대로 지둔리로 개편되어 화도면에 속하였다. 또한 진벌면 수막동과 내마산리는 수산리가 되어 진접면에 속하였다. 한편 가평군 신촌·하입석 전부, 상입석리와 양주군 상도면 장천리 각 일부가 입석리로 합해지고 상입석리 일부와 외방동이 외방리로 통합되었으며 내방동과 비금리가 내방리로 되어 가평군 외서면에 소속되었다.

1963년 1월 1일 화도면의 운수, 송천, 지둔의 3개 리와 진접면의 수산리와 가평군 외서면의 입석, 외방, 내방의 3개 리를 병합하여 수동면을 새로 설치(법률 제1175호)하였다. 몇 차례의 행정 개편 후 1989년 10월 9일 20개의 행정리를 개편하여 현재에 이른다. 현재 수동면은 운수리·지둔리·손천리·수산리·내방리·외방리·입석리 등 7개 리를 관할하고 있다.

1) 내방리內防里[안방골, 내방동內防洞] 【리】

본래 가평군 외서면의 지역으로서 산골짜기 안이 되므로 안방골 또는 내방동이라 하였는데, 1914년 4월 1일 행정구역 통폐합에 따라 비금리, 안마산을 병합하여 내방리라 칭했다. 1963년 1월 1일 양주군 수동면으로 편입되고, 1980년 4월 1일에는 남양주군에 편입됨.

- **가닥밭 【산】** 내방리에 있는 산. 가닥(갈)나무가 많음.
- **갓모봉 【산】** 내방리에 있는 산.

- **굴운천**屈雲川 **【내】** 내방리 서리산 서쪽 밑 해발 500m 골짜기 에서 발원. 수산천·외방천·지둔천·가곡천과 차례로 만나, 화도읍 구암리에서 북한강과 합류.
- **건너말 【마을】** 방골 건너쪽에 있는 마을.
- **군소둔지 【소】** 내방리에 있는 소.
- **덜러소 【소】** 내방리에 있는 소.
- **뒷골 【골】** 방골 뒤에 있는 골짜기.
- **마주 【소】** 내방리에 있는 소.
- **모당고개 【고개】** 방동 동북쪽에 있는 고개.
- **묘안골 【골】** 내방리에 있는 골짜기.
- **몽골촌 【박물관】** 내방리에 있는 몽골 관련 문화촌. 남양주시 와 몽골 울란바토르시의 협력관계를 통해 2000년 4월 15일 개관.
- **반공희생자 합동위령비 【위령비】** 내방리에 위치하며 한국전쟁

몽골촌 ⓒ 윤종일

때 마을에 초소를 만들어 향토방위군을 운영하던 중 인천상
륙작전으로 퇴각하던 북한군의 습격에 대항, 내방리, 석고
개, 전자동 등지에서 희생된 24명의 영혼을 기리기 위해 만
든 위령비.

- **무당소 【소】** 방동 남쪽에 있는 소.
- **방골[방동坊洞] 【마을】** 내방리에서 으뜸되는 마을. 지형이 방
  처럼 생겼음.
- **벗들 【들】** 내방리에 있는 들.
- **비금리秘琴里 【마을】** 안마산 북쪽에 있는 마을.
- **비야소 【소】** 비금리 앞에 있는 소.
- **쇠낭뎅이 【고개】** 방골 동남쪽에 있는 고개. 서낭당이 있음.
- **시루봉 【산】** 내방리에 있는 산. 시루처럼 생겼음.
- **아랫말 【마을】** 비금리 아랫쪽에 있는 마을.
- **안마산安馬山[1] 【마을】** 방골 서북쪽에 있는 마을. 안씨安氏와 마
  씨馬氏가 살았다 함.
- **안마산安馬山[2] 【고개】** 안마산에 있는 고개.
- **어량골 【골】** 내방리에 있는 골짜기.
- **엿새-가리 【골】** 내방리에 있는 골짜기. 엿새갈이의 밭이 있음.
- **웃말 【마을】** 비금리 위쪽에 있는 마을.
- **장자골 【마을】** 안마산 북쪽에 있는 마을. 장자가 살았다 함.
- **중간말 【마을】** 웃말과 비금리 중간에 있는 마을.
- **청룡말 【마을】** 방골 왼쪽에 있는 마을.
- **치마바위 【바위】** 내방리에 있는 바위. 치마처럼 생겼음.
- **큰골 【마을】** 내방리에서 가장 큰 마을.

2) 수산리水山里 【리】

본래 양주군 진벌면 지역인데, 1914년 4월 1일 행정구역 통폐합에 따라 수막동과 내마산리를 병합하여 수산리라는 명칭으로 진접면에 편입되었다가, 1963년 1월 1일에는 수동면으로, 1980년 4월 1일에는 남양주군으로 편입됨.

- **가깨말** 【마을】 덕말 남쪽에 있는 마을. 갯가가 됨.
- **건너들** 【들】 물막골 앞 내 건너에 있는 들.
- **검단이고개** 【고개】 안마산 서쪽에 있는 고개.
- **괘라리고개[팔현리고개]** 【고개】 물막골과 진건읍 팔현리의 괘라리를 연결하는 고개. 해발 440m.
- **구제바위** 【바위】 안마산 서쪽에 있는 바위. 구제비(명매기)가 새끼를 침.
- **군소** 【소】 꽃재 앞에 있는 소.
- **꺽짜소** 【소】 안마산 앞에 있는 소.
- **꽃재[화현花峴]** 【마을】 물막골 동북쪽에 있는 마을.
- **꽃재고개** 【고개】 꽃재 뒤에 있는 고개.
- **꽃재들** 【들】 꽃재 앞에 있는 들.
- **농바위** 【바위】 안마산 서쪽에 있는 바위. 농처럼 생김.
- **농박골** 【골】 농바위가 있는 골짜기.
- **덕말** 【마을】 가깨말 북쪽에 있는 마을.
- **덜너수** 【내】 꽃재 앞에 있는 내.
- **도린개말** 【마을】 꽃재 남쪽에 있는 마을. 내가 돌아 흐른다 함.
- **독바위** 【바위】 수산리에 있는 바위.
- **매봉재** 【산】 수산리에 있는 산.

- **모퉁이 【마을】** 안마산 남동쪽 모퉁이에 있는 마을.
- **물막골[수막水幕] 【마을】** 덕말 동쪽에 있는 마을.
- **물탕골 【골】** 안마산 서쪽에 있는 골짜기. 물탕이 있음.
- **바위소구미 【소】** 꽃재 동쪽에 있는 소.
- **배나무골 【골】** 수산리에 있는 골짜기.
- **백소 【소】** 안마산 앞에 있는 소.
- **범골 【골】** 수산리에 있는 골짜기.
- **벚나무꿍지 【마을】** 수산리에 있는 마을. 벚나무가 많음.
- **삼각골 【골】** 수산리에 있는 골짜기.
- **서낭댕이들 【들】** 수산리에 있는 들.
- **성아바위 【바위】** 수산리에 있는 바위.
- **쇠푸니골 【골】** 가깨말 서쪽에 있는 골짜기.
- **쇠푼이 고개 【고개】** 쇠푸니 뒤에 있는 고개. 진접읍 금곡리로 넘어감.
- **수산천水山川 【내】** 수산리 쇠푼이고개 서쪽 아래에서 발원하여 수산리 동쪽 끝자락에서 구운천과 합류하여, 유역을 개갯말, 덕말 물막골이다.
- **아랫말 【마을】** 물막골 아래쪽에 있는 마을.
- **안마산[내마산內馬山] 【마을】** 꽃재 북서쪽에 있는 마을. 철마산(군 산천) 안쪽이 됨.

  옛날에 안씨 성을 가진 사람들과 마씨 성을 가진 사람들이 이곳에 살았기 때문에 '안마산'이라 불린다.

  이와는 달리 철마산 줄기 안에 자리잡은 마을이기 때문에 '안마산' 또는 '내마산'이라 부른다는 이야기가 전한다.
- **안마산들 【들】** 안마산 앞에 있는 들.
- **여우바위 【바위】** 안마산에 있는 바위. 여우가 살았음.
- **여우박골 【골】** 여우바위가 있는 골짜기.

- **웃말 【마을】** 안마산에 위쪽 마을.
- **잰봉 【산】** 꽃재 서쪽에 있는 산. 해발 325.6m.
- **절골 【골】** 수산리에 있는 골짜기. 절이 있었음.
- **정소암고개 【고개】** 물막골 동북쪽에 있는 고개.
- **중간말[1] 【마을】** 물막골과 아랫말 중간에 있는 마을.
- **중간말[2] 【마을】** 안마산 모퉁이 중간에 있는 마을.
- **중소 【소】** 안마산 북쪽에 있는 소. 중이 빠져 죽었다 함.
- **진골 【골】** 수산리에 있는 골짜기.
- **큰뒤골 【골】** 수산리에 있는 골짜기.
- **철마산鐵馬山 【산】** 수동면 수산리와 진접읍 금곡리, 전벌리 경계에 있는 산. 해발 720m. 꼭대기에 철마가 있었음.

3) 외방리外坊里[바깥방골, 외방동外坊洞] 【리】

본래 가평군 외서면 지역으로서 방골 바깥쪽이 되므로 바깥방골 또는 외방동이라 하였는데 1914년 4월 1일 행정구역 통폐합에 따라 상입석 일부를 병합하여 외방리라 칭하였으며, 1963년 1월 1일 양주군 수동면으로, 1980년 4월 1일 남양주군으로 편입됨.

- **건너말 【마을】** 전지랏골 건너쪽에 있는 마을.
- **넌바위 【바위】** 외방리에 있는 바위.
- **덤바위 【바위】** 외방리에 있는 바위. 더미로 됨.
- **두멍안 【마을】** 불당골 동북쪽 안에 있는 마을.
- **불당곡佛堂谷[불당골] 【마을】** 석고개 동북쪽에 있는 마을.
- **불당골 【골】** 불당골(마을) 뒤에 있는 골짜기. 불당이 있었음.
- **새버덩 【버덩】** 외방리에 있는 큰 버덩.
- **새창벌 【마을】** 전지랏골 남쪽에 있는 마을. 사창(사창)이 있

었다함.

- **서리산 【**산**】** 새창벌 동남쪽에 있는 산. 해발 285m.
- **외방천**外坊川 **【**내**】** 발원지는 서리산과 축령산 사이 골짜기이며, 전자라골·불당골을 지나 석고개 밑에서 구운천과 만난다.
- **석고개[석현**石峴**] 【**마을**】** 외방리에서 가장 큰 마을.
- **손골 【**골**】** 외방리에 있는 골짜기.
- **수리넘이고개 【**고개**】** 외방리와 가평군 상면 행현리를 연결한다. 해발 360m.
- **시즌땅 【**버덩**】** 외방리에 있는 버덩.
- **시루바위 【**바위**】** 외방리에 있는 바위.
- **안말 【**마을**】** 석고개 안쪽에 있는 마을.
- **웃말 【**마을**】** 전지랏골 위쪽에 있는 마을.
- **작은손골 【**골**】** 손골의 작은 골짜기.
- **잣나무고개 【**고개**】** 외방리에 있는 고개.
- **장구배기 【**마을**】** 외방리에 있는 마을.
- **장막골 【**골**】** 외방리에 있는 골짜기.
- **전지랏골[전자동**全子洞**] 【**마을**】** 웃마을 남쪽에 있는 마을. 맨 처음 전, 지, 라씨가 살았다 함.
- **큰손골 【**골**】** 손골의 큰 골짜기.

4) 입석리立石里[선돌, 입석立石] 【리】

본래 가평군 외서면 지역으로서 선돌이 있어서 선돌 또는 입석이라 하였는데, 1914년 4월 1일 행정구역 통폐합에 따라 만취대, 파위, 신촌, 점둔지를 병합하여 입석리라 칭해졌다. 1963년 1월 1일 양주군 수동면으로, 1980년 4월 1일 남양주군으로 편입됨.

- **수동교회** 【교회】 1932년 창립. 입석리 463번지 위치.
- **수동초등학교** 【학교】 1932년 청평공립보통학교 입석간이학교로 인가. 1932년 4월 20일 개교. 입석리 458번지 위치.
- **수동중학교** 【학교】 1953년 5월 11일 수동농림기술학교 개교. 1969년 학교법인 수동학원 인가. 1969년 12월 24일 수동중학교 인가. 1970년 3월 7일 수동중학교 개교. 입석리 333번지 위치.
- **가마소** 【소】 입석리에 있는 소.
- **감투바위** 【바위】 입석리에 있는 바위. 감투처럼 생김.
- **개구장들** 【들】 입석리에 있는 들.
- **굄돌** 【바위】 입석리에 있는 바위. 바위 위에 바위가 괴어져 있음.
- **구사골고개** 【고개】 파위에서 운수리 섬말로 넘어가는 고개.
- **구지바위** 【바위】 입석리에 있는 바위.
- **깊은골** 【골】 입석리에 있는 깊은 골짜기.
- **논골** 【골】 선돌 동쪽에 있는 골짜기. 논이 있음.
- **떡갈봉** 【산】 선돌 동남쪽에 있는 산.
- **만취대**晚翠臺 【마을】 벌말 남쪽에 있는 마을.
- **매봉재** 【산】 입석리에 있는 산.
- **방마고개** 【고개】 파위에서 새말로 넘어가는 고개.
- **벌말** 【마을】 상입석 동남쪽 벌에 있는 마을.
- **산제당골** 【골】 입석리에 있는 골짜기. 산제당이 있음.
- **상여봉** 【산】 선돌 동쪽에 있는 산. 상여처럼 생김.
- **새논들** 【들】 입석리에 새로 된 들.
- **새말[신촌**新村] 【마을】 안말 남쪽에 있는 마을.
- **새말들** 【들】 새말 앞에 있는 들.
- **새봇들** 【들】 선돌 남쪽에 있는 들. 새보가 있음.

- **샛말** 【마을】 안말과 탑거리 새에 있는 마을.
- **섬벌** 【들】 입석리에 있는 들. 섬처럼 되었음.
- **안말** 【마을】 새말 안쪽에 있는 마을.
- **안산** 【산】 선돌 앞에 있는 산.
- **우무골** 【골】 입석리에 있는 골짜기.
- **우무골고개** 【고개】 우무골 위에 있는 고개. 움집이 있었음.
- **위선돌[상입석上岦石]** 【마을】 선돌의 위쪽 마을.
- **은드먹고개[은두목현銀頭目峴]** 【고개】 파위에서 상면으로 넘어
  가는 고개. 은두목산(도 산천) 줄기가 됨.
- **은드먹들** 【들】 은드먹 고개 밑에 있는 들.
- **임초리고개** 【고개】 선돌 서북쪽에 있는 고개.
- **점둔지** 【마을】 안말 동쪽에 있는 마을. 옹기점이 있었다함.
- **직짝골** 【골】 입석리에 있는 골짜기.
- **치마바위** 【바위】 입석리에 있는 바위. 치마처럼 생김.
- **치마바위골** 【골】 치마바위가 있는 골짜기.
- **탑塔거리** 【마을】 파위 동쪽에 있는 마을. 탑이 서 있었음.
- **퇴서골** 【골】 입석리에 있는 골짜기.
- **파위巴位** 【마을】 만취대 동남쪽에 있는 마을.
- **파위고개** 【마을】 입석리 파위 동북쪽에 있고 파위와 가평군
  상면 임초리를 연결한다. 해발 460m.
- **폭포골** 【골】 선돌 동쪽에 있는 골짜기. 폭포가 있음.
- **피야골** 【골】 입석리에 있는 골짜기.
- **피야골고개** 【고개】 피야골 위에 있는 고개.
- **황소터[황소토]** 【소】 선돌 남쪽에 있는 소. 이무기가 있어서
  황소를 잡아 먹었다함.
- **송회영宋會英 신도비** 【묘】 8세에 정헌대부 내시부 최득린崔得隣
  의 양자로 들어갔다. 입석2리 하천변에 위치.

5) 지둔리芝屯里[지둔지, 지둔芝屯] 【리】

본래 양주군 산동면 지역으로서 지둔지 또는 지둔이라 하였는데, 1914년 4월 1일 행정구역 통폐합에 따라 새창말, 돌모루, 상가골, 광대울, 수자골을 병합하여 지둔리라 해서 화도면으로 편입되었다가, 1963년 1월 1일 수동면으로, 1980년 4월 1일 남양주군으로 편입됨.

- **원지둔元芝屯** 【마을】 지둔리의 원 마을.
- **웃말** 【마을】 원지둔 위쪽에 있는 마을.
- **아랫말** 【마을】 원지둔 아래쪽에 있는 마을.
- **수자골** 【마을】 원지둔 동남쪽에 있는 마을.
- **안산案山들** 【들】 원지둔 앞에 있는 들.
- **느티나무** 【나무】 원지둔에 있는 크고 오래 된 느티나무.
- **각골** 【골】 지둔리에 있는 골짜기.
- **고사리양지** 【산】 지둔리 양지 바른 곳에 있는 산. 고사리가 많음.
- **광대울고개** 【고개】 광대울에서 화도읍 가곡리 중골로 넘어가는 고개. 해발 310m.
- **노적봉露積峯** 【산】 돌모루 동쪽에 있는 산. 해발 225.23m. 노적처럼 생겼음.
- **돌모루** 【마을】 지둔지 남서쪽에 있는 마을. 돌이 많음.
- **줄선산** 【산】 지둔리에 있는 산. 신선이 놀았다 함.
- **막골** 【골】 지둔리에 있는 골짜기.
- **매봉재** 【산】 지둔리에 있는 산.
- **사방산** 【산】 지둔리에 있는 산.

- **새발짝** 【산】 지둔리에 있는 산.
- **새창벌** 【마을】 지둔리 북서쪽, 벌에 있는 마을. 사창社倉이 있었다 함.
- **새청보** 【보】 지둔리에 있는 보.
- **새청보들** 【들】 새청보가 있는 들.
- **쉬각골** 【골】 지둔리에 있는 골짜기.
- **둥글봉** 【산】 돌모루 동쪽에 있는 산. 해발 225.2m. 둥그렇게 생겼음.
- **뒷골** 【골】 뒷골산에 있는 골짜기.
- **뒷골산** 【산】 원지둔 뒤에 있는 산.
- **뒷말** 【마을】 원지둔 뒤쪽에 있는 마을.
- **삼각골[삼각동리三角洞里]** 【마을】 돌모루 남쪽에 있는 마을.
  ① 삼각골은 마을 지형이 삼각형의 골짜기 형태를 닮았기 때문에 붙여진 이름이다.
  ② 이와는 달리, 천마산의 수려함으로 산가山佳, 풍부한 계곡 물로 나타나는 수가水佳 그리고 인심 좋은 마을 사람들로 표현되는 인가人佳 등 삼가三佳로 이루어진 마을이라 해서 '삼가골'로 변하게 된 것이라 한다.
- **웃말** 【마을】 삼각골 위쪽에 있는 마을.
- **아랫말** 【마을】 삼각골 아래쪽에 있는 마을.
- **광대울** 【마을】 삼각골 동남쪽에 있는 마을.
  약 200년 전 이 마을의 통정대부 집에서 경연이 벌어졌는데, 이 때 한 광대가 줄을 타다가 떨어져 울고 갔다고 해서 붙여진 이름이다.
- **동산들** 【들】 삼각골 뒤에 있는 들.
- **선바위** 【바위】 삼각골 동북쪽에 서 있는 바위.
- **안산案山** 【산】 삼각골 앞에 있는 산.

- **스무누무【나무】** 삼각골에 있는 나무.
- **작은막골【골】** 막골의 작은 골짜기.
- **큰막골【골】** 막골의 큰 골짜기.
- **형제바위[형제암兄弟岩]【바위】** 지둔리에 있는 바위. 크고 작은 두 바위가 형제처럼 서있음.
- **지둔지고개【고개】** 지둔리에 있는 고개. 해발 410m.
- **지둔천芝屯川【내】** 지둔리 지둔지 골짜기에서 발원하여 삼각골·돌모루를 지나 원지둔에서 구운천과 만난다.
- **태동고전연구소【연구소】** 1963년 11월 청명靑溟 임창순任昌淳 (1914~1999)에 의해 동양고전연구와 정통한학교육을 목적으로 서울 종로구 수표동에서 개설되고, 1964년 3월 종로구 당주동을 거쳐, 1974년 현재의 위치인 남양주시 수동면 지둔리 11-1번지에 '지곡정사'를 짓고 교육을 하던 중, 1985년 8월 한림대학교 부설 태동고전연구소로 발족되어 현재에 이르고 있다.

6) 운수리雲水里【리】

본래 양주군 상도면 지역인데, 1914년 4월 1일 행정구역 통폐합에 따라 석수대리, 당두평리, 운하리, 장천리 일부를 병합하여 운하와 석수대의 이름을 딴 운수리란 명칭으로 화도면에 편입되었다가, 1963년 1월 1일에는 수동면으로, 1980년 4월 1일 남양주군으로 편입됨.

- **가골【골】** 운수리에 있는 골짜기.
- **광대울【골】** 군안 서쪽에 있는 골짜기.
- **광대울고개【고개】** 광대울 뒤에 있는 고개.

- **거북바위** 【바위】 운수리에 있는 바위. 거북처럼 생김.
- **구누고개** 【고개】 운수리에 있는 고개.
- **구래비고개** 【고개】 군안에서 화도면 가곡리 가오실로 넘어가는 고개.
- **군안**群雁 【마을】 운수리에서 가장 큰 마을. 9번의 난을 피난하여 구난이라 하였다가 군안으로 변경되었다 함.
- **당두둑[당두평**唐豆坪**]** 【마을】 석수대 북쪽에 있는 마을.
- **두겁바위** 【바위】 운수리에 있는 바위. 두꺼비처럼 생김.
- **동굴봉** 【산】 운수리에 있는 산.
- **뒤골안** 【골】 운수리에 있는 골짜기.
- **뜀바위** 【바위】 운수리에 있는 바위.
- **범의골** 【골】 운수리에 있는 골짜기.
- **석수대**石水垈 【마을】 군안 서북쪽에 있는 마을. 수석이 좋음. 석수대는 수동 유원지의 첫째가는 승경인데 이곳의 암반岩盤에 시대 미상이나 300여 년 전의 각자로 추전되는 「석천아연거石泉我然居 편애청산청불로偏愛靑山靑不老」라는 시구詩句가 있어 옛 선현도 이곳의 산수를 즐기면서 음풍농월吟風弄月의 시상을 가다듬었음을 알게 한다.
- **석수봉**石水峯 【산】 수동면 운수리와 지둔리 경계에 있는 산. 해발 311.3m. 석수대 서쪽에 있음.
- **섬말[섬마을, 도촌**島村**]** 【마을】 군안 동남쪽에 있는 마을. 섬말은 부락 양측 쪽을 하천이 둘러싸고 있어 마치 섬과 같다 하여 '섬말'이라 하며 한자로 도촌島村이라 하게 되었다.
- **숙골** 【골】 운수리에 있는 골짜기.
- **안군안** 【마을】 군안의 안쪽 마을.
- **자나무고개[잣나무 고개]** 【고개】 운수리에 있는 고개.
- **절터골** 【골】 운수리에 있는 골짜기.

「낙역무궁」 암각문

- **탕귀 【마을】** 운수리에 있는 마을.
- **탕귀고개 【고개】** 탕귀 뒤에 있는 고개.
- **호통골 【골】** 운수리에 있는 골짜기.

7) 송천리松川里 【리】

본래 양주군 상도면 지역인데, 1914년 4월 1일 행정구역 통폐합에 따라 송라동과 장천리, 등경동의 각 일부를 병합하여 송라와 장천의 이름을 따서 송천리란 명칭으로 화도면에 편입되었다. 1963년 1월 1일에는 수동면으로, 1980년 4월 1일 남양주군으로 편입됨.

- **구진터 【마을】** 송천리에 있는 마을. 전에 진을 쳤다 함.
- **높은터 【마을】** 송천리에 있는 마을. 지대가 높음.
- **당미고개 【고개】** 송천리에 있는 고개.
- **덕고개 【고개】** 산신터에서 소래비로 넘어가는 큰 고개.
- **도장골 【골】** 송천리에 있는 골짜기.
- **매봉재 【산】** 송천리에 있는 산.
- **베틀바위 【바위】** 송천리에 있는 바위.
- **보통산 【산】** 장자터 서북쪽에 있는 산. 해발 291.2m.
- **보통이들 【들】** 보통산 밑에 있는 들.
- **산신山神터[산신대山神垈] 【마을】** 장개울 남쪽에 있는 마을. 산신당이 있었음.
- **새골 【골】** 송천리에 있는 골짜기.
- **섬말 【마을】** 산신터 북쪽에 있는 마을.
- **성제바위 【바위】** 송천리에 있는 바위. 두 바위가 형제처럼 서 있음.
- **소래비[송라松羅] 【마을】** 산신터 남쪽에 있는 마을.
- **소래비고개 【고개】** 소래비 남쪽에 있고 화도읍 머재를 연결한다. 해발 210m.
- **송라산松羅山 【산】** 송라 뒤에 있는 산.
- **신발리新發里 【마을】** 산신터 북쪽에 있는 마을.
- **쑥고개 【고개】** 장개울 서쪽에 있는 고개.
- **아랫말 【마을】** 소래비 아래쪽에 있는 마을.
- **아장골 【마을】** 장천리 서쪽에 있는 마을.
- **아장골고개 【고개】** 아장골에서 산신터로 넘어가는 고개.
- **양달말 【마을】** 장개울 양달쪽에 있는 마을.
- **웃말 【마을】** 소래비 위쪽에 있는 마을.
- **응달말 【마을】** 장개울 응달쪽에 있는 마을.

- **장개울[장천리**長川里]** 【마을】 산신터 동쪽에 있는 마을.
- **장자**長者**터** 【마을】 산신터 서쪽에 있는 마을. 장자(부자)가 살았다 함.
- **죽마기들** 【들】 송천리에 있는 들.
- **청소** 【소】 장개울 동쪽에 있는 소.
- **치마바위** 【바위】 송천리에 있는 바위.
- **탕귀고개** 【고개】 구진터 뒤에 있는 고개.
- **학고개** 【고개】 장재울 동쪽에 있는 고개로 화도읍 원산리 가리당미를 연결한다. 해발 190m.
- **한새[한사리**寒沙里]** 【마을】 소래비 북쪽에 있는 마을.
- **한새모퉁이** 【들】 송천리에 있는 골짜기.
- **호짝골** 【골】 송천리에 있는 골짜기.
- **화채봉** 【산】 송천리에 있는 산.
- **황개터골** 【골】 송천리에 있는 골짜기. 황가가 살았음.
- **두리봉** 【산】 수동면 송천리와 화도읍 월산리, 구암리 경계에 있는 산. 해발 372.7m.
- **이석규**李錫奎 **묘 및 묘비** 【묘】 조선 후기의 문신. 이항복李恒福의 7세손. 수동면 송천리 산90-3번지 위치.
- **이유원**李裕元 **묘 및 수장비** 【묘】 조선 후기의 문신. 이항복의 9세손. 수동면 송천리 산90-2번지 위치.

9. 조안면鳥安面

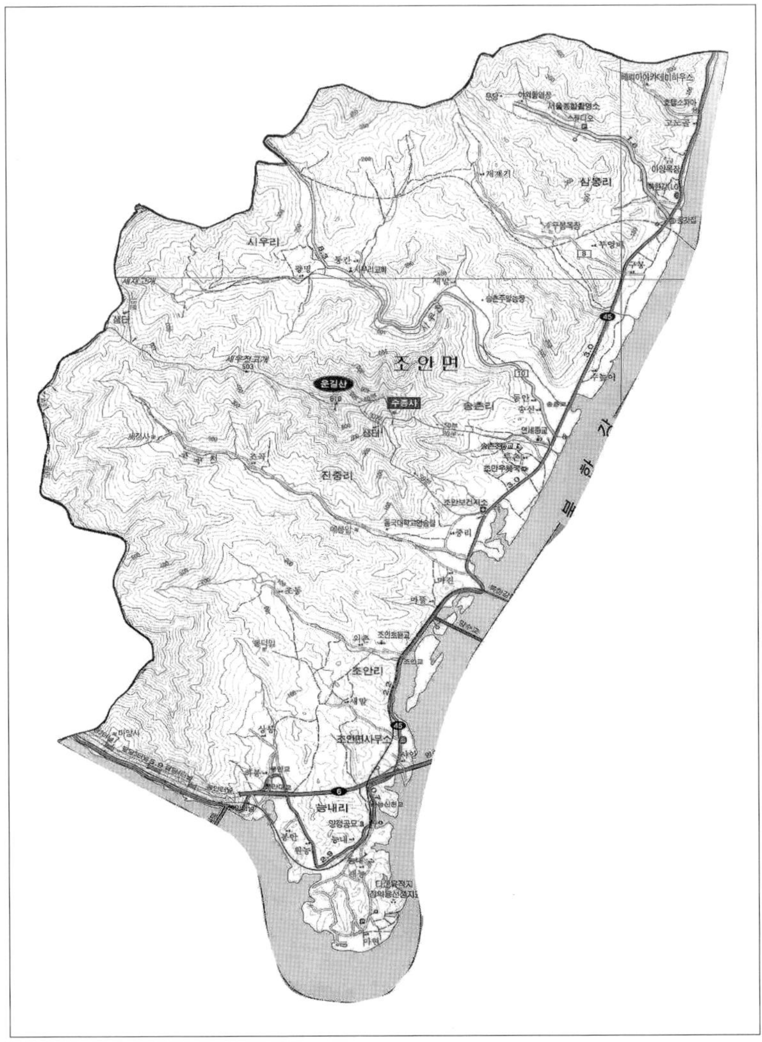

조안면 지도

조안면은 한말에 광주·양평·가평군과 양주군 하도면에 속해 있었다. 1906년 광주군 초부면의 삼봉·중·조동·마현·봉안·평촌·진촌·고랑·능내리의 9개 리가 양주군으로 편입되었으며, 1914년 4월 1일 행정구역 통폐합에 따라 와부면으로 소속되었다.

1940년 와부면이 설치한 조안출장소로 시작하여 능내·조안·진중·송촌·삼봉·시우리 6개 리를 관할하다가, 1986년 4월 1일 조안면이 되었으며(대통령령 제11874호), 1989년 시우리 일부가 와부읍으로 편입되고, 현재 능내리·조안리·진중리·송촌리·삼봉리·시우리 6개 리를 관할하고 있다.

1) 삼봉리三峯里【리】

구한말 앵골·삼봉이라 불려오다가 1914년 4월 1일 행정구역 통폐합으로 화도면에서 와부면으로 편입되면서 삼봉리三峯里라 하였다.

- **삼봉교회**【교회】1931년 창립. 삼봉리 477번지 위치.
- **구봉九峯[삼봉]**【마을】세 개의 봉우리가 부락을 둘러싸고 있다하여 삼봉三峯이라 하다가 행정구역 개편으로 구봉이 되었다.
- **아양峨陽**【마을】조선 중기 소규모로 양을 길러 우리나라에서 맨 먼저 목장형식으로 양을 기른 곳이라 하여 아양이 되었으니 음이 전이된 것이다.
- **고누골**【마을】아양 북쪽에 있는 마을. 옛날 고누 놀이를 많이 했다 함.
- **고누골나루[문호나루터]**【나루】고누골 앞에 있는 나루터. 양평군 서종면 문호리로 건너감.
- **부엉배**【마을】부엉바위가 있는 마을.

- **부엉바위** 【바위】 부엉이가 살았던 아양 서남쪽에 있는 바위.
- **아양천**峨陽川 【내】 삼봉리 재재기고개 밑 동쪽 골짜기에서 발원하여 삼봉리 아양에서 북한강과 합류.
- **삼봉천**三峯川 【내】 삼봉리 재재기고개 밑 남쪽 골짜기에서 발원하여 삼봉리 구봉에서 북한강과 합류.

2) 시우리時雨里[시우골, 시우동] 【리】

구한말 '시우리'라 불렸고 1914년 4월 1일 행정구역 통폐합 때 화도면에서 와부면으로 편입되었다.

- **우럭바위** 【바위】 시우리에 있는 바위.
- **동간**東間 【마을】 신라의 마의태자가 금강산으로 가는 길에 들렀다가 마을이 너무 외져서 날이 저물자 쉬어간 곳이라 하여 '시우리'라 불려오다가 행정구역 개편 때 동간이 되었다.
- **광명** 【마을】 동각 서쪽에 있는 마을.
- **내치**內峙 【마을】 조선시대 궁내의 내시를 많이 키워 궁에 바쳤다하여 '내치內峙' 부락이라 부르다가 행정구역 개편 때에 내치가 되었다.
- **새우젓고개** 【고개】 시우리 내치에서 운길산 능선으로 오르는 고개. 해발 350m.
- **새재고개** 【고개】 시우리에서 와부읍 도곡리 자운동과 연결. 해발 240m.
- **유량**兪亮 **묘 및 신도비** 【묘】 고려 말 조선 초의 문신. 원종공신. 시우리 산26번지 위치.
- **시우천**時雨川 【내】 시우리 먹치 동쪽 골짜기에서 발원하여 송촌리 송신에서 북한강과 합수.

- **조안천**鳥安川【내】예봉산 동남쪽 골짜기에서 발원하여 조안 초등학교 앞에서 북한강과 합수.

3) 송촌리松村里【리】

구한말 골용진·배나무용진으로 불려오다가 1914영 4월 1일 행정구역 통폐합에 따라 광주군 초부면에서 양주군 초부면으로 편입되면서 송촌리가 되었다.

- **송촌초등학교**【학교】1934년 덕소초등학교 송촌간이학교로 인가. 1950년 5월 20일 송촌국민학교로 승격. 송촌리 692번지 위치.
- **두촌**豆村[**용진**龍津, **평촌**坪村, **벌말**]【마을】조선시대에는 배나무가 많기로 유명하여 배나무용진이라 하였는데, 그 후 콩재 배로 유명해져 두촌으로 부르게 되었다.
- **용진교회**【교회】1907년 창립. 송촌리 715-1번지 소재.
- **3·1의거 애국선열 추념탑**【기념탑】조안면 송촌1리에 위치하며, 1919년 3월 15일 당시 용진교회 이정성李正成 장로를 비롯한 마을 지도자들과 주민들이 일으킨 만세운동을 기념하는 추념탑. 이 당시의 만세시위는 농민들이 최초로 일본 헌병들과 충돌한 사건임.
- **용진**龍津 **나루터**【나루】양평대교 좌우에 있는 나루와 양주와 양근을 연결하는 나루. 송촌리 216번지 소재.
- **송신**松新[**송송골**]【마을】
  ① 두촌부락에 세대수가 늘어나자 소나무 밭 속산에 마을을 다시 만들어 살게 되었다하여 '송송골'이라 불려오다가 행정구역 개편 때 송신이 되었다.

파괴된 옛 용진교회 ⓒ 윤종일

② 중국에서 장수 이여송李如松을 조선에 보낼 때, 송자가 붙은 마을은 가지 말라고 주의를 준 것을 전해들은 한음 이덕형李德馨이 직접 이 마을에 송자를 붙여 지은 이름이 바로 '송송골'이라는 이야기가 전해온다.

• **동안**東安【마을】송송골 북쪽에 있는 마을.

• **관가정지**觀嘉亭址【터】송촌리에 있었던 주인 미상의 정자가 있었던 터.

• **대아당지**大雅堂址【택지】송촌리 있었던 한음 이덕형의 별서이다. 이노정怡老亭, 읍수정挹秀亭이라는 정자가 있었으며, 대청 쪽마루 진일헌眞佚軒과 서실인 애일당愛日堂이 있었다.

• **변협**邊協 **묘**【묘】조선 중기의 무신. 송촌리 산26-4번지 위치.

• **변응성**邊應星 **묘**【묘】조선 중기의 무신. 송촌리 산26-4번지 위치.

• **수종사**水鍾寺【사찰】벌말 북쪽 운길산 정상부근에 있는 절로

봉선사의 말사이다. 창건 연대는 확실하지 않으나 1939년 석조부도를 중수하면서 1439년(세종 21)에 조성된 수종사 부도가 발견되어 조선 초기에 창건되었음을 추정할 수 있다. 1439년(세종 21)에 세운 태종의 후궁 정의옹주貞懿翁主(의빈 권씨)의 부도와 다보탑이 있음.

4) 진중리鎭中里【리】

진촌(진말)으로 불려지다가 일제 초기에는 광주군 초부면에 속하여 진말·중리·조곡으로 되어 있었는데, 1914년 4월 1일 행정구역 통폐합에 따라 양주군 와부면에 진중리란 명칭으로 편입되었다.

* **구절터【골】** 진중리에 있는 골짜기. 절이 있었음.

수종사 정의옹주(의빈 권씨) 부도탑, 8각5층석탑 ⓒ 김준호

- **굴바위 【바위】** 진중리에 있는 굴. 굴이 있음.
- **굴아우 【골】** 둘바위가 있는 골짜기.
- **다랑골 【골】** 진중리에 있는 골짜기.
- **두물머리 【강】** 진중리 동남쪽에 있는 강. 북한강과 남한강이 합침.
- **양수인도교 【다리】** 두물머리에 있는 인도교.
- **양수철교 【다리】** 두물머리에 있는 중앙선 철교.
- **방아거리 【골】** 진중리에 있는 골짜기.
- **작은방아거리 【골】** 방아거리의 작은 골짜기.
- **큰방아거리 【골】** 방아거리의 큰 골짜기.
- **벽장골 【골】** 진중리에 있는 골짜기.
- **복룡골 【골】** 진중리에 있는 골짜기.
- **삼거리 【마을】** 세 갈래의 길이 있었던 진터 앞에 있는 마을.
- **수리바위 【바위】** 수리처럼 생긴 진중리에 있는 바위.
- **어두니 【마을】** 진중리에 있는 마을.
- **여우내 【골】** 진중리에 있는 골짜기.

두물머리 전경 ⓒ 김준호

- **옻나무골** 【골】 옻나무가 많이 있는 진중리에 있는 골짜기.
- **작은터진** 【골】 터진의 작은 골짜기.
- **장구매기** 【골】 장구의 목처럼 생긴 진중리에 있는 골짜기.
- **터진** 【마을】 진중리에 있는 마을.
- **큰터진** 【마을】 터진의 큰 마을.
- **한가골** 【골】 한가가 살았던 진중리에 있는 골짜기.
- **마진**馬鎭 【마을】 마평과 진촌이 합쳐진 마을. 조선 중기 오랑캐를 막기 위하여 우리 군대가 진을 쳤던 곳이라 하여 '진말'이라 하게 되었다.
- **도당터[진터]** 【마을】 마진 남쪽에 있는 마을.
  ① 전에 진을 쳤었음. ② 도당제를 지냈음.
- **마평**馬坪[맛들] 【마을】 마진에 있는 마을. 말을 메는 들이었음.
- **맛들고개** 【고개】 맛들에서 진말로 넘어가는 고개.
- **아랫말** 【마을】 진말 아래쪽에 있는 마을.
- **웃말** 【마을】 진말 위쪽에 있는 마을.
- **왯둔지고개** 【고개】 진말에서 조곡으로 넘어가는 고개.
- **진촌**鎭村[진말] 【마을】 옛날에 진을 쳤던 마진에 있는 마을.
- **조곡**鳥谷 【마을】 산속의 새가 아름다운 소리로 울고 계곡이 깊숙하여 물이 깨끗하며 사람 살기에 좋다 하여 조곡이라 하였다.
- **동녘골** 【골】 조곡鳥谷 동쪽에 있는 골짜기.
- **배나무골** 【마을】 배나무가 있었던 조곡 서쪽에 있는 마을.
- **새우젓고개** 【고개】 조곡에서 도곡리 대추나뭇골로 넘어가는 고개.
- **서녘골** 【골】 조곡 서쪽에 있는 골짜기.
- **중리**中里[중말] 【마을】 '중말'이라 함.
- **뒷말** 【마을】 중말 뒤쪽에 있는 마을.

- **아랫말 【마을】** 중말 아래쪽에 있는 마을.
- **웃말 【마을】** 중말 위쪽에 있는 마을.
- **고려장터 【묘】** 고려장이란 고구려시대의 장사葬事지내는 법으로서, 늙고 병들은 사람을 묘실墓室에 옮겨 두었다가 죽으면 거기에 안치하고 금은보화를 넣은 다음 돌로 쌓아 봉토하는 것을 말한다. 이러한 장사 풍습이 고려시대까지 이어져 병든 노인을 깊은 산골에 버리는 풍습으로 전해졌다. 진중리 북동쪽에 있는 '고려장터'는 바로 이러한 고려장을 실행하던 구체적인 장소였던 곳으로 추정된다.
- **진중천鎭中川 【내】** 진중리 적갑산 동쪽 골짜기에서 발원하여 진중리 중리에서 북한강과 합수.
- **운길산雲吉山 【산】** 진중리와 송촌리, 시우리 경계에 있는 산. 해발 610m.

5) 조안리鳥安里 【리】

구한말에는 고안리高安里로서 '사안砂安', '새말', '방아다리'로 구성되어 광주군 초부면에 속해 있었는데, 1914년 4월 1일 행정구역 통폐합에 따라 양주군 와부면 조안리가 되었다.

- **공순이고개 【고개】** 새말 서쪽에 있는 고개.
- **다랑굴 【골】** 다랑이가 있는 조안리에 있는 골짜기.
- **먹구니 【골】** 조안리에 있는 골짜기.
- **방아다리 【마을】** 조안리에 있는 마을.
- **벼락바위 【바위】** 조안리에 있는 바위. 큰 바위가 여러 조각이 났는데, 벼락을 맞았다 함.
- **송뒤 【골】** 조안리에 있는 골짜기.

- **씸배굴 【골】** 씸배(씀바기)가 많이나는 조안리에 있는 골짜기.
- **조동鳥洞[새울, 새월] 【마을】**
  ① 옛날 이 곳에 새가 머물다 날아갔다고 해서 붙여진 이름.
  ② 박씨 선조가 한양가는 길에 마을 앞을 지날 때 해가 저물어 쉬게 되었는데 새소리가 듣기 좋고 물이 좋아, 가려했던 길을 멈추고 여기서 살기로 한 이후로 '새월'이라 부르게 되었다. 사방에 높은 산이 있음.
- **조안초등학교 【학교】** 1939년 5월 10일 조안공립심상소학교로 설립 인가. 1939년 7월 3일 개교. 조안리 47번지 위치.
- **뒷골 【골】** 새울 뒤에 있는 골짜기.
- **새능 【마을】** 부마의 묘가 있는 새울 남동쪽에 있는 마을.
- **외촌外村[바깥말] 【마을】** 구한말부터 물방앗간이 있어 '방아다리 바깥말'이라 불려오다가 한자화하여 외촌(바깥마을)이라 하였다.
- **새말[신촌新村] 【마을】** 외촌外村 남쪽에 새로 된 마을.
- **장승배기 【마을】** 장승이 있었던 바깥말 동쪽에 있는 마을.
- **사안砂安[고랭이, 고안高安] 【마을】** 을축년 장마 때 물이 고개를 넘을 정도로 비가 많이 왔고 이로 인하여 고기도 고개를 넘어갔다하여 '고랭이'라 불려오다가 고안高安으로 변했는데 일제 말기에 다시 사안砂安이 되었다.
- **고랭이여울 【여울】** 고랭이 앞에 있는 여울
- **무내미고개 【고개】** 고랭이에서 방아다리로 넘어가는 고개.
- **뒷벌 【들】** 사안 뒤에 있는 들.
- **새재 【골】** 새재고개 밑에 있는 골짜기.
- **새재고개 【고개】** 사안 서남쪽에 있는 고개.
- **앞벌 【들】** 고랭이 앞에 있는 들.
- **팥죽고개 【고개】** 사안에서 새능으로 넘어가는 고개.

6) 능내리陵內里[능안] 【리】

서원부원군西原府院君 한확韓確의 묘가 있어 능내 또는 능안이라 부름. 원래 광주군 초부면이었는데 1914년 4월 1일 행정구역 통폐합으로 와부면 능내리가 되었다.

- **곡동曲洞[곱동굴]** 【골】 능내리에 있는 골짜기.
- **귀뒤** 【마을】 능내리에 있는 마을.
- **노루목** 【목】 능안 동쪽에 있는 노루의 목처럼 생긴 목.
- **다래골** 【골】 능내리에 있는 골짜기. 다래가 많았음.
- **당너머** 【골】 능내리에 있는 골짜기. 신당이 있었음.
- **되반지기** 【들】 능내리에 있는 들.
- **두미** 【논】 능내리에 있는 논.
- **두미논들** 【들】 두미논이 있는 들.
- **두미소** 【소】 두미 앞에 있는 소.
- **부처바위** 【바위】 능안 앞에 있던 바위.
- **복당골** 【골】 능내리에 있는 골짜기. 불당佛堂이 있었음.
- **사방골** 【골】 능내리에 있는 골짜기.
- **산정골** 【골】 능내리에 있는 골짜기.
- **숲앞밭골** 【골】 풀이 많았던 능내리에 있는 골짜기.
- **옷추개** 【골】 능내리에 있는 골짜기.
- **옷추개 고개** 【고개】 옷추개 위에 있는 고개.
- **원곡院谷[원골]** 【골】 능내리에 있는 골짜기.
- **이미죽골** 【골】 능내리에 있는 골짜기.
- **장승배기** 【골】 장승이 있었던 능내리에 있는 골짜기.
- **절골** 【골】 절이 있었던 능안 북쪽에 있는 골짜기.

- **절골고개** 【고개】 절골 위에 있는 고개.
- **지청들** 【들】 능안 앞에 있는 들. 서원부원군 한확의 제청이 있었음.
- **학둔지** 【골】 능내리에 있는 골짜기.
- **마현**馬峴[마재, **두척**斗尺] 【마을】 광주분원으로 넘어가는 길로서 말을 타고 넘어가는 길이 많았던 고개라 하여 마현이라 하였다. 높은 고개의 뜻인 '말재'에서 나온 것이다. 이 부락은 정약용 4형제가 태어나서 자랐고, 선생과 그 친척들이 살았고 한림학사 민씨도 이곳에 살았다.
- **정약용**丁若鏞 **묘** 【묘】 조선 후기 실학자. 능내리 산75-1번지에 위치함.
- **여유당**與猶堂 【택지】 정약용의 생가로 본래 다산유적지 입구 주차장 부근으로 추정되며, 1925년 을축년 대홍수로 소실되었던 것을 현재 위치에 복원. 다산 묘역 바로 아래에 위치함.
- **박문수 택지**朴文秀宅地 【택지】 능내리 다산 정약용 생가 앞에 있는 박문수의 집터.
- **능내교회** 【교회】 1945년 창립. 능내리 123-1번지 위치.
- **능내역** 【역】 1939년 4월 1일 양수보통역으로 개통, 능내리 131-2번지 위치.
- **뒷골** 【골】 마재 뒤쪽에 있는 골짜기.
- **뒷골고개** 【고개】 뒷골 위쪽에 있는 골짜기.
- **우천도선장**牛川渡船場[**소래나루**] 【나루】 마재 앞에 있는 나루터. 광주시 남종면 우천리 소내로 건너감.
- **아랫말** 【마을】 마재 아래쪽에 있는 마을.
- **웃말** 【마을】 마재 위쪽에 있는 마을.
- **움앞** 【마을】 마재 서쪽에 있는 마을. 움집이 있었음.
- **움앞나루** 【나루】 움앞에 있는 나루터. 광주시 동부읍으로 건

팔당댐 ⓒ 김준호

너감.

- **원릉**元陵【마을】능안이라 불리며 청주 한씨 서원부원군西原府院君 한확韓確의 묘소가 있고, 일제 중기 농촌갱생부락農村更生部落 책정 때 원릉이라 하였다.
- **능밑**【마을】서원부원군묘 밑에 있는 골짜기.
- **비선골**【마을】한확의 신도비가 있는 능내역 앞 북쪽에 있는 마을.
- **막은데미**【골】비선골 서쪽에 있는 골짜기. 서원부원군묘를 쓸 때 사성을 높이 하였는데, 풍수의 말이 금까마귀가 알을 품고 있는 형국이지만 사성이 높아서 알이 곯는다 하여 막은 사성을 없앴다 함.
- **막은데미 고개**【고개】막은데미에 있는 고개.
- **사리장**沙利場【마을】원릉 남쪽에 있는 마을. 한강 모래를 채취하기 위해 만들어짐.

봉안교회 ⓒ 김준호

- **아랫말** 【마을】 원릉 아래쪽에 있는 마을.
- **웃말** 【마을】 원릉 위쪽에 있는 마을.
- **신구살** 【골】 원릉 남쪽에 있는 골짜기.
- **신구살이 고개** 【고개】 원릉에서 마재로 넘어가는 신구살 위쪽에 있는 고개.
- **큰고개** 【고개】 원릉 동쪽에서 마재로 넘어가는 큰 고개
- **봉안**奉安 【마을】 상봉과 하봉을 합친 마을.
- **팔당댐** 【댐】 1974년 능내리 봉안에 건설된 댐으로 높이 132m, 길이 545m의 시멘트콘크리트댐으로 설비용량 8만㎞, 총저수량은 2억 4,400만㎡, 만수 면적은 2만 3,713㎢이다.
- **팔당역** 【댐】 1939년 4월 보통역으로 개통, 팔당리 189번지 위치.
- **임숙영 택지**任叔英宅地 【택지】 능내리 봉안마을 근처에 있었던 임숙영任叔英의 우거지.
- **이식 택지**李植宅地 【택지】 능내리 봉안마을 근처에 있었던 이

식李植의 우거지.

- **정백창 택지**鄭百昌宅地 【택지】 능내리 봉안마을 근처에 있었던 정백창鄭百昌의 우거지.
- **봉안교회** 【교회】 1912년 김용기 장로 부부가 창립. 능내리 528번지 위치.
- **봉안들** 【들】 봉안 앞에 있는 들.
- **황개** 【내】 능안 서북쪽에 있는 내.
- **황개다리** 【다리】 상봉에서 하봉으로 건너가는 황개에 있는 다리.
- **호암**虎岩[호랑바위] 【바위】 능내역에서 팔당으로 가는 철로 위쪽 산에 있는 바위. 호랑이처럼 생겼음.
- **상봉**上峯 【마을】 원래 역촌이었던 봉안奉安이 분할되면서 상봉안上峯安이 되었다. 이를 약칭하여 상봉上峯이 되었다.
- **공논이 고개** 【고개】 상봉에서 조안리로 넘어가는 고개.
- **공논이골** 【골】 공논이 고개 밑에 있는 골짜기.
- **하봉**下峯 【마을】 봉안奉安이 분할되면서 하봉안下峯安이 되었는데, 이를 약칭하여 하봉下峯이 되었다.
- **노적봉**露積峯 【산】 하봉 서쪽에 있는 산. 해발 273m.
- **한확**韓確 **묘 및 신도비** 【묘】 조선 초기 문신으로 인수대비仁粹大妃의 아버지. 누이는 명나라 태종 문황제文皇帝의 여비麗妃. 능내리 산69-5번지 위치.

10. 호평동好坪洞

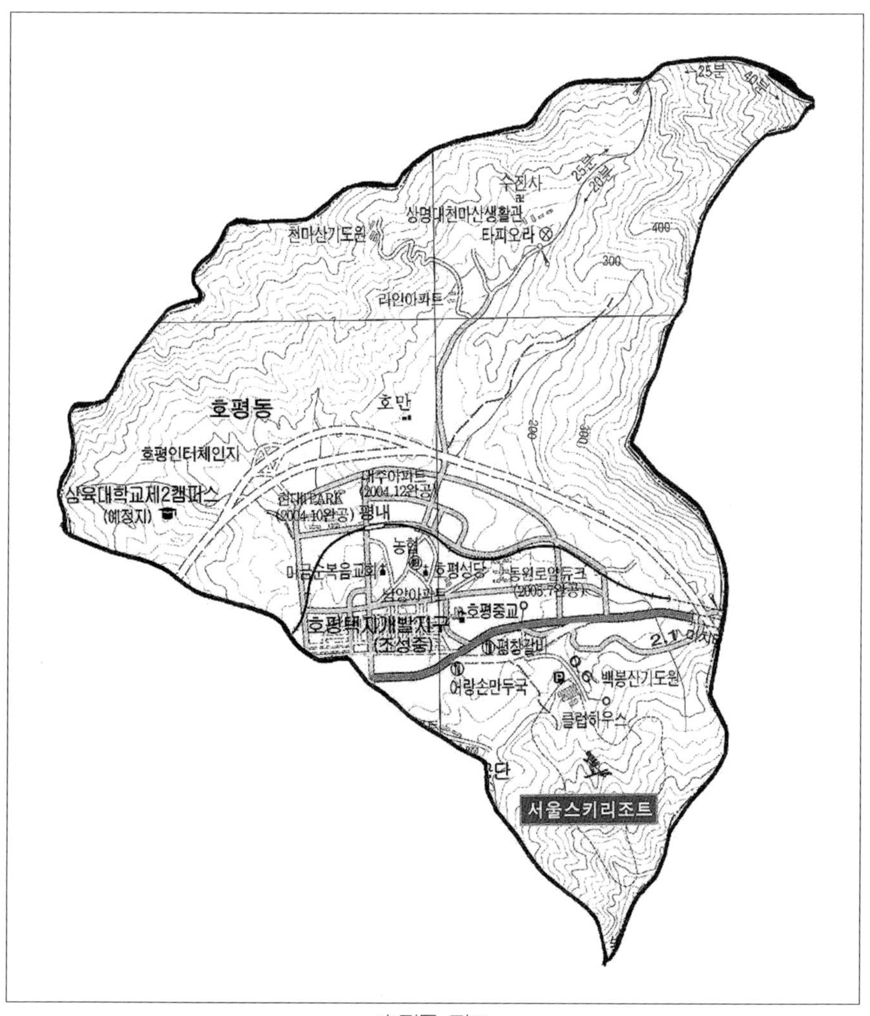

호평동 지도

　　본래 양주군 상도면 지역인데, 1914년 4월 1일 행정구역 통폐합에 따라 호만리, 평동리, 지사리와 궁평리, 장내리의 각 일부를 병합하여 호만과 평촌의 이름을 딴 호평리란 명칭으로 미금면(읍)에 편입되었다. 1979년 5월 1일 미금면이 미금읍으로 승격(대통령령 제9409호), 1980년 4월 1일 양주군에서 남양주군 미금읍으로 관할 구역이 변경(법률 제3169호)되었다. 1989년 1월 1일에 미금읍이 시로 승격됨에 따라 호평리도 호평동으로 승격되었으며, 1995년 1월 1일 미금시와 남양주군이 통합되어 도농복합형 남양주시가 설치(법률 제4774호)됨에 따라 남양주시에 편입되어 현재에 이르고 있다.

- **구룡터[구멍터, 구명터, 구명터]【마을】** 지새울 동남쪽에 있는 마을.

  ① 이 지역 우물에서 아홉 마리의 용이 승천하였다고 해서 '구룡터'라 부른다.

  ② 이와는 달리 구씨와 명씨가 살던 곳이라 하여 '구명터'라고도 부른다.

  ③ 처음 이 마을에 살았던 사람의 이름에서 마을 이름이 유래되었다는 이야기도 있다. 하지만 그 사람의 이름이 약간씩 다르게 전하기 때문에 마을 이름도 약간 다르다. 즉, 전구용이라는 사람이 살았기 때문에 '구룡터', 전구멍이라는 사람이 살았기 때문에 '구멍터', 전구영이라는 사람이 살았기 때문에 '구녕터' 등으로 불린다는 것이다.

- **구슬막【마을】** 지울새 동북쪽에 있는 마을. 구슬을 만드는 막(공장)이 있었음.

- **독바위【바위】** 호평동에 있는 큰 바위.

- **두렁던골【골】** 호평동에 있는 골짜기.

- **뒷벌** 【마을】 벌말 북쪽, 뒤에 있는 마을.
- **마치고개** 【고개】 구멍터에서 화도읍 묵현리로 넘어가는 높은 고개. 해발 240m.
- **마치고개굴** 【굴】 마치고개 밑에 있는 경춘선의 기차굴.
- **마치들** 【들】 마치고개굴 아래에 있는 굴.
- **미력당[천마사**天摩寺**]** 【사찰】 천마산에 있는 절. 1964년에 세웠음.
- **바랑골** 【골】 호평동에 있는 골짜기.
- **벌말[평촌**坪村**]** 【마을】 호평동에서 으뜸 되는 마을. 벌판이 됨. 부락전면이 평야 같이 되었다고 해서 평촌이라 하였음.
- **호평교회** 【교회】 1953년 창립. 호평동 174번지 위치.
- **상거리** 【마을】 벌말 위쪽에 있는 마을.
- **쌍골** 【골】 호평동에 있는 골짜기. 쌍으로 되었음.
- **우무골** 【골】 호평동에 있는 골짜기. 샘이 있음.
- **지새울[지사**芝沙**]** 【마을】 평내역 북쪽에 있는 마을.
- **청룡골** 【골】 호평동에 있는 골짜기.
- **큰골** 【골】 호평동에 있는 큰 골짜기.
- **평내역**坪內驛 **** 【역】 1939년 7월 25일 간이역으로 개통된 벌말 북쪽에 있는 경춘선의 기차 정거장으로, 1969년 2월 13일 보통역으로 승격, 호평동 494-2번지 위치.
- **호만**好滿**[홍안]** 【마을】 지새울 북쪽에 있는 마을.
  예전에는 무내미골 논에다 물을 대기 위해 느티울쪽으로 나무 홈을 파서 만든 홈통을 이어 낸 농수로가 있었는데, 이 홈통으로 된 농수로 안에 있는 집들을 '홈안'이라 불렀다고 한다.
- **배래니고개** 【고개】 호만 북쪽에 있고 호만에서 오남읍 팔현리로 넘어가는 고개. 팔현리고개라고도 한다. 해발 370m.

- **최석항**崔錫恒 **묘 【묘】** 조선 후기의 문신. 소론으로서 신임사화 때 노론을 실각키고 우의정에 올랐다. 1723년 실록청 총재관으로 숙종실록 편찬을 주재, 좌의정 재직중 사망. 1725년(영조 1) 신임사화의 주모자라 하여 관작을 추탈追奪당하였다.

11. 평내동坪內洞

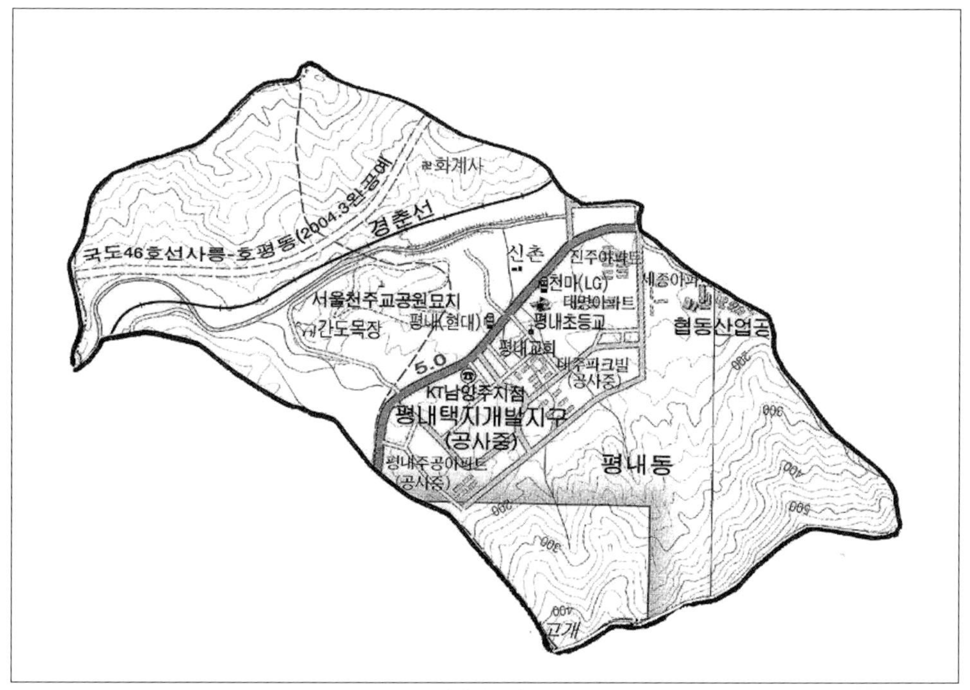

평내동 지도

　　본래 양주군 상도면 지역인데, 1914년 4월 1일 행정구역 통폐
합에 따라 궁촌리와 장내리를 병합하여 평내리라 해서 미금면(읍)
에 편입되었다. 1989년 1월 1일 미금읍이 미금시로 승격함에 따라
평내리에서 평내동으로 개칭되었으며, 1995년 1월 1일 미금시와
남양주군이 도농복합형 남양주시로 통합됨에 따라 남양주시에 편
입되어 현재에 이르고 있다.

- **구적골 【골】** 평내리에 있는 골짜기. 절이 있었음.
- **궁宮고개 【고개】** 새말에서 담 안으로 넘어가는 고개.
- **궁말[궁평宮坪] 【마을】** 새말 동쪽에 있는 마을. 의안대군義安大君 이화李和의 궁이 있었음.

약 5백 년 전, 의안대군 방석이 사망한 후 이곳에 궁을 세워 "궁말"이라 하다가 일제 때 궁평으로 고침.

백봉산 서쪽에는 태조 이성계의 중형인 이화 의안대군의 묘소가 있다. 지금으로부터 약 600년 전 태조가 임금의 자리에 오른 후 본인의 마지막 소원인 사후의 묘소를 결정하지 못한 채 근심을 하던 중 어느 날 무학대사와 형인 의안대군과 함께 망우리까지 나가 현 동구릉 자리를 바라보고서 무학대사가 바로 저곳이 능소로는 명당이라며 지세를 설명하니 태조가 보기에도 그러한지라 "과연 대사의 말대로 거기가 좋겠군요" 하고 흡족히 여겼다. 옆에서 무학과 아우 태조의 이야기를 듣고 있던 의안대군이 "그럼 내 자리는 어디가 좋은가" 하고 물으니 무학대사가 태연하게 "그 자리 벌써 보아 놓았다"면서 지금의 백봉산(栢峰山 : 여자가 머리를 풀어 헤치고 있는 모양)의 "기좌己坐올시다" 하고 말하였다 한다. 그 당시 태조는 무학을 대사로 존경하고 대우하였는데 의안대군은 이를 못마땅히 여겨 아우 태조가 등극하자마자 중들을 4대문 밖으로 몰아내는가 하면 중이 일반 사람을 만나면 "소승 문안드립니다"라고 절을 해야만 되도록 제도적으로 탄압을 하였다. 따라서 평소 의안대군에 불만을 품고 있던 무학대사는 의안대군의 묘소를 백봉산의 마치 여자가 머리를 풀어 헤치고 있는 산세에다 잡도록 말한 것이다. 이후 의안대군은 태조 등극 이후 모든 공을 아우인 태조와 조카인 정종과 태종에게 돌리고 지금의 평내리 54번지에 궁을 짓고 여생을 즐기다 별세하였는데, 태종은 중부의 장례를 국장으로 엄수하여 유해를 백봉산 사파에 묻었다. 현재 의안대군의 묘소는 얼핏 보기에는 명당인 듯하나 실은 그렇지 못하다 하며, 묘아래 있는 궁평부락은 옛 궁터이며 대군의 후손이 살고 있다.

- **긴골 【골】** 평내동에 있는 긴 골짜기.
- **난바위 【바위】** 평내동에 있는 바위.
- **늘그리고개 【고개】** 궁평에서 신촌으로 넘어가는 고개.
- **담번지 【마을】** 궁말 서쪽에 있는 마을.
- **담안[장내橋內] 【마을】** 평내동에서 으뜸인 마을. 산이 담처럼 둘러쌌음. 마을의 지형이 담과 같다하여 '담안'이라고 하며 한자 표기로 하여 장내 부락이 됨.
- **대각골 【골】** 평내동에 있는 골짜기.
- **마당바위 【바위】** 평내동에 있는 바위.
- **마치고개 【고개】** 궁평에서 화도면 묵현리 먹갓으로 넘어가는 큰 고개.
- **방아골 【마을】** 궁평 북쪽에 있는 마을. 물방아가 있었음.
- **사능천思陵川 【내】** 평내동에서 발원하여 하구는 진건읍 진관리이다.
- **산지당골 【골】** 평내동에 있는 골짜기. 산제당이 있었음.
- **삼형제골 【골】** 평내동에 있는 골짜기. 삼형제가 살았음.
- **상골 【골】** 평내동에 있는 골짜기.
- **새터말[신촌新村] 【마을】** 담 안 북쪽에 새로 된 마을. 약 250년 전에 새로 생긴 마을이라 하여 '새터 마을'로 부르다가 신촌이라 하였음.
- **서낭당고개 【고개】** 서낭당이 있었던 새말에서 담안(장내)으로 넘어가는 고개.
- **이르네미고개 【고개】** 서낭당이 새탄말 평내초등학교 뒤편 골

짜기 약수터에서 와부읍 율석리 대동마을로 넘어가는 묘적산 줄기의 고개. 해발 480m.

- **선바위 【바위】** 평내동에 서 있는 바위.
- **세집매 【마을】** 새말 동쪽에 있는 마을. 처음에는 세 집이 살았음.
- **쓰게들 【들】** 평내동에 있는 들.
- **아랫늘그리고개 【고개】** 늘그리고개의 아래쪽에 있는 고개.
- **아랫말 【마을】** 궁평 아래쪽에 있는 마을.
- **안골 【골】** 평내동에 있는 골짜기.
- **안말 【마을】** 궁평 안쪽에 있는 마을.
- **약대골 【골】** 평내동에 있는 골짜기.
- **움터골 【마을】** 움집이 있었던 궁평동에 있는 골짜기.
- **웃늘그리고개 【고개】** 늘그리고개의 위쪽에 있는 고개.
- **웃말 【마을】** 궁평 위쪽에 있는 마을.
- **의안대군義安大君 이화李和 사당祠堂 【사당】** 조선 개국공신 의안대군義安大君 이화李和의 사당.
- **의안대군義安大君 이화李和 묘 【묘】** 조선 개국공신 의안대군義安大君 이화李和의 묘. 태조 이성계의 이복동생. 평내동 궁평마을 협동농장 뒷산에 위치. 남양주시 향토유적 제4호.
- **자골 【마을】** 궁말 옆에 있는 마을. 잣나무가 있었음.
- **절골 【골】** 평내동에 있는 골짜기. 절이 있었음.
- **조개웅뎅이 【웅덩이】** 평내동에 있는 웅덩이. 조개가 많았음.
- **축동 【마을】** 평내동에 있는 마을.
- **축동밖 【마을】** 축동 바깥쪽에 있는 마을.
- **홍문안 【들】** 평내동에 있는 들. 홍문(정문)이 있었음.
- **목첨睦詹 묘 및 신도비 【묘】** 조선 중기의 문신.
- **목장흠睦長欽 묘 및 신도비 【묘】** 조선 중기의 문신.

궁집 ⓒ 윤종일

- **능성위**綾城尉 **구민화**具敏和**와 화길옹주**和吉翁主 **묘역 【묘】** 영조의 막내딸(12녀) 화길옹주와 부마 구민화 묘역으로 평내동 산24번지 위치하였으나 현재 아파트가 들어와서 이장되었음.
- **궁집 【고적】** 조선 후기의 건축물로 영조가 막내딸(12녀)인 화길옹주와 부마 구민화를 위해 지어 준 집으로 국가에서 재목과 목수를 보내 완성하게 하였기 때문에 궁집이라는 별호가 생김. 평내동 426-1번지에 위치. 중요민속자료 제130호.

12. 금곡동金谷洞

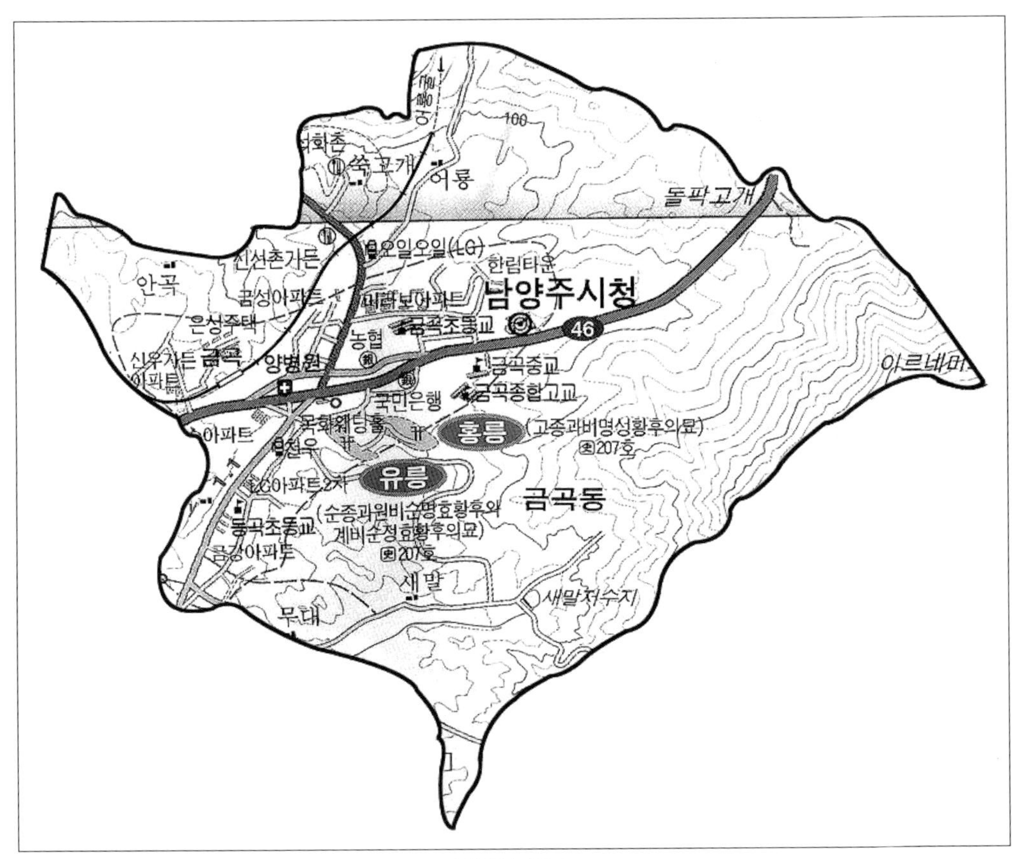

금곡동 지도

본래 양주군 금촌면 지역으로서 쇳골 또는 금곡이라 하였는데, 1914년 4월 1일 행정구역 통폐합에 따라 건천면의 송정리 일부를 병합하여 금곡리라 해서 미금면에 편입되었다. 1979년 미금읍으로 승격되었으며, 1980년 4월 1일에 양주군에서 남양주군 미금읍으로 관할구역이 변경되었다. 1989년 1월 1일에 미금시가 승격됨에 따라 금곡리가 금곡동으로 승격한 후, 몇 차례의 분통과 분반을 거쳐, 1995년 1월 1일 남양주군과 미금시가 통합할 당시 남양주시 금곡동으로 개칭하여 현재에 이르고 있다.

- **가골 【골】** 금곡동에 있는 골짜기.
- **감투봉 【산】** 감투처럼 생긴 금곡동에 있는 산.
- **고래 【들】** 금곡 앞에 있는 들.
- **구수고개 【고개】** 새말에서 와부읍 율석리로 넘어가는 고개.
- **구슬고개 【고개】** 새말 동남쪽에 있는 고개.
- **군장群場 【마을】** 금곡역 옆에 있는 마을. 약 400년 전에 구씨 선조의 묘가 '장군자 향령'이라 하여 군장동이라 하였음.
- **금곡초등학교 【학교】** 1918년 금곡공립보통학교로 인가. 1919년 남양주 관내 최초의 공립학교. 금곡동 159-1번지 위치.
- **금곡중학교 【학교】** 1955년 5월 3일 금곡중학교로 설립 인가. 1955년 6월 8일 개교. 금곡동 152-9번지 위치.
- **금곡종합고등학교 【학교】** 1959년 금곡상업고등학교 설립. 1976년 9월 2일 금곡종합고등학교로 변경. 금곡동 152-18번지 위치.
- **금곡교회 【교회】** 1947년 창립. 금곡동 399-19번지 위치.
- **구사맹具思孟 묘 및 신도비 【묘】** 조선 중기의 문신. 금곡동 군장리 산93번지 위치.
- **구굉具宏 묘 및 신도비 【묘】** 조선 중기의 문신. 금곡동 군장리 산93번지 위치. 본래 포천군 남면 송현에서 1924년에 옮김.

- **구인기**具仁墍 **묘 및 신도비 【묘】** 조선 후기의 문신. 금곡동 군 장리 산93번지 위치. 본래 포천군 남면 송현에서 1924년에 옮김.
- **굽은다리 【다리】** 금곡 앞에 있는 다리.
- **금곡장**金谷場 **【장시】** 장시가 일제시기에 형성되었다가 1960년 대 초에 폐지.
- **금곡역**金谷驛 **【역】** 1939년 7월 25일 보통역으로 개통, 한국전 쟁시 역사가 소실되었다. 1958년 7월 1일 금곡리역에서 금 곡역으로 명칭을 변경. 금곡동 688-1번지에 위치.
- **금곡우체국 【우체국】** 19편소로 개소, 1956년 12월 31일 금곡 우체국으로 개칭. 금곡동 404-56번지 위치.20년 11월 11일 금곡우 서북쪽에 있는 경춘선의 기차 정거장.
- **농고개 【고개】** 유릉 앞에 있는 고개.
- **능산**陵山 **【산】** 홍유릉이 있는 산.
- **능안 【마을】** 홍유릉 안쪽에 있는 마을.
- **다락바위 【바위】** 금곡동에 있는 바위.
- **다름재 【마을】** 동막 동쪽에 있는 마을.
- **달경봉 【산】** 달걀처럼 생긴 금곡동에 있는 산.
- **독바위 【바위】** 독처럼 생긴 금곡동에 있는 바위.
- **돌팍고개 【고개】** 돌팍(돌)이 많은 양골 동쪽에 있는 고개. 해 발 130m.
- **홍릉천**洪陵川 **【내】** 돌팍고개 밑 골짜기에서 발원하여 하구는 삼패동이다.
- **도라니 【들】** 금곡동에 있는 들.
- **뱀밭 【들】** 큰 밭이 있었던 금곡동에 있는 들.
- **돌패기 【들】** 돌팍고개 밑에 있는 개간한 들.
- **동구리고개 【고개】** 금곡동과 양정동을 연결한다. 해발 60m.

- **동막골[동막東幕]** 【마을】 동구리고개 동쪽에 있는 마을. 신씨
  가 막을 치고 살았다 함.
  약 200년 전 신씨 한 사람이 한양에서 동으로 간다는 것이
  이곳에 그대로 살게 된 후로부터 '동막'이라 하였음.
- **뒷골** 【마을】 어룡 뒤에 있는 마을.
- **등구리고개** 【고개】 역전에서 일패동 안곡安谷으로 넘어가는 고개.
- **무대舞坮** 【마을】 새말 서남쪽에 있는 마을. 약 400년 전 벼슬
  이 높은 조한 씨가 이곳을 지나가다가 아래로 보이는 경치
  가 매우 아름다워서 커다란 느티나무 그늘 아래서 쉬다가
  아름다운 경치에 흥이 올라 춤추고 놀다간 곳이라 하여 '무
  대'라 불리기 시작했다. 현재 마을 어귀에는 춤을 춘 장소인
  느티나무가 있으며, 남양주시에서 보호수로 지정하여 보호
  하고 있다.
- **바데이들** 【들】 금곡동에 있는 들.
- **바깥말** 【마을】 양골 바깥쪽에 있는 마을.
- **방아골** 【골】 금곡동에 있는 골짜기.
- **병목골** 【골】 병목처럼 된 금곡동에 있는 골짜기.
- **부엉바위** 【바위】 금곡동에 있는 산.
- **산제터** 【산】 산제터가 있는 금곡동에 있는 산.
- **삼태골** 【골】 금곡동에 있는 골짜기.
- **새말** 【마을】 무대 동쪽에 새로 된 마을.
- **색시바위** 【바위】 색시처럼 생긴 금곡동에 있는 바위.
- **샘골** 【마을】 큰 못이 있는 새말 동쪽에 있는 마을.
- **서리동** 【마을】 동막 서쪽에 있는 마을.
- **쑥고개** 【고개】 어룡골 서쪽에서 진건읍 사릉으로 넘어가는
  고개. 해발 60m.
- **아랫말** 【마을】 군장 아래쪽에 있는 마을.

- **안산**案山 【산】 양골 앞에 있는 마을.
- **안산**案山**밑** 【들】 안산 밑에 있는 들.
- **약대울고개** 【고개】 어룡골에서 평내동 약대울로 넘어가는 고개. 해발 120m.
- **양골[양곡**陽谷**]** 【마을】 왯말 북쪽에 있는 마을. 약 200년 전 풍양 조씨豊陽趙氏 집단부락으로서 풍양의 양陽자를 따서 양곡이라 하였음.
- **양짓말** 【마을】 무대 양지쪽의 마을.
- **어룡**魚龍**골[어룡**魚龍**]** 【마을】 금곡 북쪽에 있는 마을. 큰 고기가 이곳의 연못에서 용龍이 되었다고 하여 어룡이라 하였음.
- **어룡굴** 【굴】 어룡골에 있는 경춘선 기차의 굴.
- **역전**驛前 【마을】 금곡역 앞에 있는 마을.
- **엿물골** 【골】 금곡동에 있는 골짜기.
- **왯말** 【마을】 금곡 동쪽에 있는 마을.
- **옻나무골** 【골】 옻나무가 많은 금곡동에 있는 골짜기.
- **웃말** 【마을】 군장群場 위쪽에 있는 마을.
- **응달말** 【마을】 무대의 응달쪽 마을.
- **이별산** 【산】 금곡동에 있는 산.
- **정자모퉁이** 【마을】 어룡 서쪽에 있는 마을.
- **절고개** 【고개】 어룡골에서 평내동 담 안으로 넘어가는 고개.
- **점골** 【골】 금곡동에 있는 골짜기.
- **주막거리** 【마을】 금곡동에서 으뜸되는 마을.
- **중방턱** 【들】 양골과 돌팍고개 중간에 있는 들.
- **지나니고개** 【고개】 동막에서 일패동 진안으로 넘어가는 고개.
- **진너미고개** 【고개】 양골에서 평내동로 넘어가는 고개.
- **태봉산**胎封山 【산】 양골 북쪽에 있는 산. 해발 99.2m. 왕자의 태를 묻었음.

홍릉 ⓒ 윤종일

- **퇴굴 【골】** 금곡동에 있는 골짜기.
- **한양벌 【들】** 홍릉 북쪽에 있는 들.
- **홍릉**洪陵 **【능】** 제26대 고종황제高宗皇帝와 명성황후 민씨明成皇后閔氏의 능. 일반 왕릉 제도를 따른 것이 아니라 명나라 태조의 능인 효릉孝陵을 본받아 구성. 사적 제207호. 금곡동 141-1번지 위치.
- **유릉**裕陵 **【능】** 제27대 순종황제純宗皇帝와 순명효황후 민씨純明孝皇后閔氏, 계비繼妃 순정효황후 윤씨純貞孝皇后尹氏의 동릉3실로 된 능이다. 사적 제207호. 금곡동 141-1번지 위치.
- **영원**英園 **【묘】** 대한제국 마지막 황태자 영왕英王 이은李垠(고종과 귀인貴人 엄비嚴妃 소생, 순종과는 이복형제)과 이방자李方子가 묻혀있는 곳. 금곡동 산141번지 위치.
- **덕혜옹주**德惠翁主 **묘 【묘】** 고종高宗과 귀인 양씨貴人梁氏 소생 덕

유릉 ⓒ 윤종일

혜옹주 묘. 금곡동 산141번지 영원英園 우측 위치.

- **의친왕**義親王 **이강**李岡 **묘 【묘】** 고종의 다섯째 아들로 귀인 장씨貴人張氏 소생. 1891년(고종 28) 의화군義和君에 봉해짐. 금곡동 산141번지에 위치.

13. 양정동養正洞

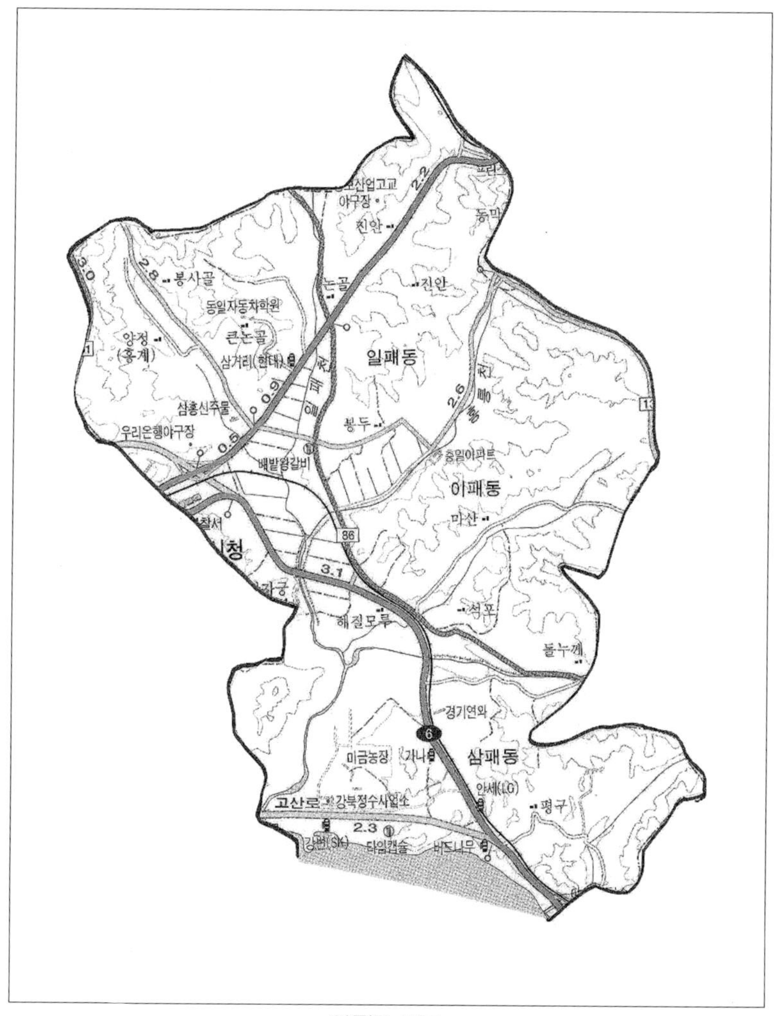

양정동 지도

양정동은 한말까지 양주군 금촌면과 와공면에 속해 있었다. 1914년 4월 1일 행정구역 통폐합에 따라 금촌면 이패리 전부와 일패리 일부를 합하여 일패리라 하였고, 금촌면 삼패리와 와공면 율북리 각 일부를 합하여 이패리, 금촌면 삼패·사패리와 와공면 석실리 각 일부를 합하여 삼패리라 하여 미금면으로 편제하였다.

1989년 1월 1일에 미금시 승격으로 미금읍 일패리·이패리·삼패리를 통합하여 행정동인 양정동을 신설하였으며, 1989년 7월과 1991년 1월 분통을 거쳐, 1995년 1월 1일 남양주군과 미금시가 통합할 때 남양주시 양정동으로 개칭하여 현재에 이르고 있다. 관할구역은 일패동·이패동·삼패동 3개 동이다.

1) 일패동—牌洞[일패—牌] 【동】

본래 양주군 금촌면 지역으로서 평구역平丘驛의 역마를 교대하는 일패가 되므로 일패라 하였는데, 1914년 4월 1일 행정구역 통폐합에 따라 이패리를 병합하여 일패리라 해서 미금면(읍)으로 편입되고, 1980년 4월 1일에는 남양주군으로 편입됨.

조선조 중기 이후 역마가 도중에 휴식하여 공문을 전달·교환하던 장소라 하여 일패리라는 명칭이 생김.

- **가마골 【마을】** 봉사골 옆에 있는 마을.
- **각골고개 【고개】** 양정에서 지금동 금교로 넘어가는 고개.
- **골안 【마을】** 봉두 북쪽, 골짜기 안에 있는 마을.
- **논골[논곡論谷] 【마을】** 양정과 봉두 사이에 있는 마을.
- **구성具成 묘 【묘】** 조선 중기의 문신. 인헌왕후의 오빠로 인조반정으로 영의정으로 추증. 일패동 논골 나무농장 안 위치.
- **말코지 【들】** 봉두메 앞에 있는 들.

- **변견 【마을】** 안골 옆에 있는 마을.
- **봉두메[봉두鳳頭] 【마을】** 일패동에서 으뜸 되는 마을. 이 부락의 뒷산 모양이 봉鳳의 머리와 같다하여 봉두부락이라 함.
- **봉두리교회 【교회】** 1957년 창립. 일패동 453-6번지 위치.
- **봉두산鳳頭山 【산】** 봉두메 뒤에 있는 산. 봉의 머리처럼 생겼다 함.
- **봉사골 【마을】** 양정 북쪽에 있는 마을.
- **아랫말 【마을】** 봉두 아래쪽에 있는 마을.
- **안산案山 【산】** 봉두메 앞에 있는 산.
- **안골[안곡安谷] 【마을】** 논골 북쪽에 있는 마을. 약 400년 전 건안乾安과 논곡(답곡畓谷)의 이름을 따서 안곡이라 하였음.
- **양정養正[명우리鳴牛里] 【마을】** 진안 서쪽에 있는 마을. 1634년 이 지역에서 출생한 양정당 최방언은 학문과 덕행으로 이름난 선비로서 광능참봉을 거쳐 지중추부사를 역임하다 1724년 이곳에 묻힌 후 그의 호를 따서 양정 고을이라 일컬어 왔음.
- **민제인閔齊仁 묘 및 신도비 【묘】** 조선 중기의 문신. 을사사화乙巳士禍 때 윤원형尹元衡을 지지, 윤임尹任 등을 제거 위사공신 2등에 책봉. 일패동 명우마을 위치.
- **민광훈閔光勳 묘 및 신도비 【묘】** 조선 중기의 문신. 일패동 명우마을 위치.
- **여우고개 【고개】** 여우가 살았던 봉두에서 와부읍 율석리로 넘어가는 고개.
- **중간말 【마을】** 웃말과 봉두 중간에 있는 마을.
- **진안리鎭安里[진안鎭安] 【마을】** 봉두메 서쪽에 있는 마을.
- **진안삼거리鎭安三巨里 【마을】** 세 갈래 길이 있는 진안 동쪽에 있는 마을.

- **계양군 별묘**桂陽君別廟 **및 이선영**李善英 **효자정문**孝子旌門【정문】 세종의 아들인 계양군 일파가 합동으로 제사를 지내는 곳.
- **정선군부인 한씨**旌善郡夫人韓氏 **묘**【묘】 세종世宗과 신빈 김씨愼嬪金氏 사이에 태어난 이증李璔의 부인. 일패동 산37-1번지 위치.
- **부림군**富林君 **이식**李湜 **묘**【묘】 계양군桂陽君의 아들. 일패동 산37-1번지 논골 사당 맞은편 산등성이 위치.
- **영원군**寧源君 **이예**李澧 **묘**【묘】 일패동 논골 위치.
- **이응술**李應虬 **묘**【묘】 일패동 논골 사당 영원군 묘역 좌측 산등성이 위치.
- **이응기**李應麒 **묘**【묘】 일패동 논골 이응술 묘역 아래 위치.
- **전성군**全城君 **이변**李忭 **묘**【묘】 성종과 귀인貴人 안동 김씨安東金氏 소생. 일패동 산46번지 위치.
- **광천군**廣川君 **이수기**李壽麒 **묘**【묘】 전성군全城君 이변李忭의 양자. 일패동 산46번지 전성군 묘 바로 아래 위치.
- **평산군**平山君 **이숙**李儵 **묘**【묘】 광천군廣川君 이수기李壽麒의 아들. 일패동 광천군廣川君 묘역 바로 아래 위치.
- **선성군**宣城君 **이신윤**李愼胤 **묘**【묘】 평산군平山君 이숙李儵의 아들. 일패동 전성군全城君 묘역 제일 아래 위치.
- **평해군**平海君 **이담**李倓 **묘**【묘】 광천군廣川君 이수기李壽麒의 아들. 일패동 전성군全城君 묘역 오른쪽 산등성이 위치.
- **영산군**寧山君 **이예윤**李禮胤 **묘**【묘】 평해군平海君 이담李倓의 아들. 평해군平海君 묘역 바로 위치.

2) 이패동二牌洞【동】

본래 양주군 금촌면 지역인데, 1914년 4월 1일 행정구역 통폐합에 따라 삼패리 일부와 와공면의 율북리 일부를 병합하여 이패

리라 해서 미금면(읍)으로 편입되었고, 1980년 4월 1일에는 남양
주군으로 편입됨.

- **말미[마산馬山]** 【마을】 이패동에서 으뜸 되는 마을. 이 부락의
  홍洪 판서의 묘가 준마駿馬 형상形象이라 하여 마산부락이라
  하였음.
- **웃말미** 【마을】 말미의 위쪽 마을.
- **아랫말미** 【마을】 말미의 아래쪽 마을.
- **돌노개[석포石浦]** 【마을】 마산 남쪽에 있는 마을. 약 300년 전
  문곡 대감文谷大監의 묘를 석실石室로 모시는 도중 난데없이
  명정이 날아와서 그 곳에 모시게 되어 석포라 하였음.
- **웃돌노개** 【마을】 돌노개의 위쪽 마을.
- **아랫돌노개** 【마을】 돌노개의 아래쪽 마을.
- **해질모루[일모촌日暮村]** 【마을】 돌노개 서쪽에 이는 마을.
- **여덟마지기배미** 【논】 왕자궁 앞에 있는 논. 한 배미가 여덟 마
  지기가 되는데, 흉년에 팥죽 한 동이와 바꾸었다 함.
- **해병대 북한강지구 전첩비** 【전첩비】 한국전쟁 시(1950년 9월 28
  일) 서울을 탈환한 해병대가 10월 1일부터 7일까지 망우리
  고개와 경춘가도를 따라 북한강 방향으로 공격을 실시한 전
  투로 한국군과 유엔군이 북진하여 38선을 돌파하는데 기여
  한 것을 기념하기 위하여 세운 전첩비.
- **왕자궁王子宮** 【마을】 해질모루 서쪽에 있는 마을.
  ① 약 200년 전 장현세자의 서자인 은신군과 은신군의 생모
    인 임숙빈林肅嬪의 묘를 모신 뒤부터 왕자궁이라 하였음.
    '윗궁'과 '아랫궁'으로 나뉘어 진다.
  ② 제보자에 의하면, 무덤의 주인이 고종황제 8촌의 묘였으
    며, 현재는 이장했다. 또한 어린왕자를 데려다 키운 곳이

라 전해지고 있다.

- **삼정각**三旌閣【정문】 박영신朴榮臣의 충효정문과 부인 광주 이씨 정문, 아들 박지병朴之屛의 효자정문이다.
- **김수항**金壽恒 **묘 및 묘갈**【묘】 조선 중기의 문신. 이패동 산11번지 위치.
- **김수흥**金壽興 **묘**【묘】 조선 중기의 문신. 김상헌의 손자로 영의정 역임.
- **김원행**金元行 **묘**【묘】 조선 후기의 문신·학자. 영의정 김창집의 손자. 석실서원에 배향.
- **이의현**李宜顯 **묘 및 묘갈**【묘】 조선 후기의 문신. 김창협의 문인, 대제학 송상기宋相琦에 의해 당대 명문장가로 천거됨. 이패동 산28-9번지 위치.
- **김한구**金漢耉 **묘와 묘갈**【묘】 조선 후기 문신. 사후 영의정 추증. 이패동 산43번지 마산마을 경로당 군부대 사격장과 인접한 능선 위치.
- **변계윤**邊季胤 **묘**【묘】 조선 전기 문신으로 영의정에 증직. 이패동 말미 46번지 위치.

3) 삼패동三牌洞[삼패三牌]【동】

본래 양주군 금촌면 지역으로서 평구역平丘驛의 역마를 교대하는 삼패가 되므로 삼패라 하였는데, 1914년 4월 1일 행정구역 통폐합에 따라 사패리와 와공면의 석실리 일부를 병합하여 삼패리란 명칭으로 미금면(읍)에 편입되었고, 1980년 4월 1일에는 남양주군으로 편입됨. 고인돌이 있음.

- **고인돌[삼패리지석묘三牌里支石墓]【고적】** 삼패동 186번지에 있는 고인돌. 돌칼, 돌도끼가 나왔음.
- **궁宮고개【고개】** 궁 안 뒤에 있는 고개.
- **궁안【마을】** 역말 동쪽에 있는 마을. 조선 제21대 영조의 일곱 번째 딸 화협옹주和協翁主와 부마 신광수申光綏의 묘를 쓰고 수직하는 궁을 두었음.
- **뒷벌【들】** 역말 북쪽에 있는 들.
- **바위배기【부리】** 역말 남쪽에 있는 부리. 바위가 있음.
- **빈양산【산】** 역말 남쪽에 있는 산. 벼랑이 있음.
- **평구平丘[쇠꼬리, 소코리]【마을】** 역말 동쪽에 있는 마을.
  ① 지형이 쇠꼬리처럼 생겼음.
  ② 평구역이 있었음.
  ③ 평평한 언덕이 박덩굴처럼 흩어져 있다고 붙여진 이름. 약 500년 전 때로 태조 이성계가 왕위에 오른 시기의 연락처로서 30리되는 지점인 이곳이 선택되어 쓰이게 되자 평구라 하였다.
- **아랫말【마을】** 역말 아래쪽 마을.
- **앞벌【들】** 역말 앞에 있는 들.
- **역말[역촌驛村]【마을】** 삼패동에서 가장 큰 마을. 조선 때 평구역이 있었음.
- **영문산【산】** 역말 동쪽에 있는 산.
- **욧골【마을】** 역말 북쪽에 있는 마을.
- **웃말【마을】** 역말 위쪽 마을.
- **김식金湜 묘 및 신도비【묘】** 조광조와 함께 기묘팔현己卯八賢, 영의정에 증직, 시호는 문의. 삼패리 산 29-1번지 위치.
- **김식金湜 묘정비【묘정비】** 조광조와 함께 기묘팔현己卯八賢, 영의정에 증직, 시호는 문의文毅. 삼패리 산 29-1번지 위치.

김육 신도비 ⓒ 김준호

- **김육**金堉 **묘 및 신도비 【묘】** 삼패동 산 42-2번지에 있는 잠곡
  김육의 묘.
- **김좌명**金佐明 **묘 및 신도비 【묘】** 영의정에 추증, 청릉부원군清
  陵府院君에 추봉, 현종 묘정에 배향. 삼패동 산 42-2번지 위치.
- **김성응**金聖應 **묘 및 신도비 【묘】** 조선 후기의 무신. 삼패동 산
  41-1번지 위치.
- **김윤식**金允植 **묘 【묘】** 한말의 관료·문장가. 삼패동 산 42-2
  번지 위치.
- **김권**金權 **묘 및 신도비 【묘】** 조선 중기 문신. 인조 때 영의정
  에 추증, 봉강서원鳳岡書院·송림서원松林書院 등에 제향. 삼패
  동 산29-1번지 위치.
- **김시묵**金時默 **묘 및 신도비 【묘】** 정조의 비 효의왕후孝懿王后의

아버지. 영의정 청원부원군淸原府院君에 추증. 삼패동 김식 묘
역으로 가는 길 능선 위치.

- **장터거리 【들】** 역말에 있는 들. 옛날 장터였음.
- **점아니고개 【고개】** 점아니골 뒤에 있는 고개.
- **점아니골 【골】** 역말 동쪽에 있는 골짜기.

14. 지금동芝錦洞

지금동 지도

　　본래 양주군 미음면 지역인데, 1914년 4월 1일 행정구역 통폐합에 따라 지사리, 금교리 일부와 진관면의 배양리 일부를 병합하여 지사와 금교의 이름을 딴 지금리란 명칭으로 미금면(읍)으로 편입시켰다. 1980년 4월 1일 양주군에서 남양주군 미금읍으로 관할구역을 변경(법률 제3169호)하고, 1989년 1월 1일 미금읍이 미금시로 승격되자 지금리·가운리·수석리를 통합하여 지금동이라 하였다(법률 제4050호). 그 후 1990년 9월 1일 분반을 거쳐 1995년 1월 1일에 도농복합형 남양주시 설치로 남양주시 지금동이 되어(법률 제4774호) 현재에 이른다.

- **금교**錦橋 【마을】 지금동에서 가장 큰 마을. 금오다리가 있었음. 약 300년 전 이 마을에 조그만 개울의 다리를 금여라고 하였는데 이 이름을 따 부락명을 '금교'라 하였다.
- **양정초등학교** 【학교】 1948년 금곡초등학교 일패분교장으로 인가. 1949년 10월 18일 양정초등학교 승격. 지금동 산103번지 위치.
- **도농교회** 【교회】 1906년 창립. 지금동 산59-12번지 위치.
- **지금리교회** 【교회】 1934년 창립. 지금동 391번지 위치.
- **금오다리[금오교]** 【다리】 금교에 있던 다리.
- **도농삼거리**陶農三토里 【마을】 금교 동쪽에 있는 마을. 도농, 양평, 춘천으로 갈리는 삼거리가 있음.
- **분투골** 【마을】 분토가 났었던 금교 서쪽에 있는 마을.
- **지사** 【마을】 분투골 북쪽에 있는 마을.
- **정지말[지막**芝幕**, 안산**安山**]** 【마을】 지사 서쪽에 있는 마을.
  ① 정자나무가 있었음.
  ② 금곡동 홍릉의 안산이 됨. 미금읍의 마지막으로 진건읍과 경계를 이룬다하여 지막이라 하였음.

- **지금리 고인돌[지금리 지석묘**芝錦里支石墓**]【고적】** 지금동 74번
  지에 있는 고인돌. 두께 50cm, 가로 4m, 세로 2m.
- **윤선도 별서지**尹善道別墅址 **【택지】** 지금동에 있었던 고산 윤선
  도尹善道가 3년 동안 살았던 곳으로 추정.

1) 가운동加雲洞 【동】

본래 양주군 미음면 지역인데, 1914년 4월 1일 행정구역 통폐
합에 따라 조운리와 가재동, 도농리, 석실리의 각 일부와 금촌면
의 삼패리 일부를 병합하여 가재와 조운의 이름을 따서 가운리라
하여 미금면(읍)에 편입되고, 1980년 4월 1일 남양주군으로 편입
됨. 고인돌과 선사시대에 살던 굴터가 있음.

- **가온데말 【마을】** 가재 가운데에 있는 마을.
- **가재**加在 **【마을】** 가운동에 으뜸 되는 마을. 이 부락의 산형태
  가 가재와 같다 하여 가재부락이 됨.
- **고인돌[가운리 지석묘**加雲里支石墓**]【고적】** 가운동 산271번지에
  있는 고인돌.
  크기 2m×4m×50cm. 경기도 문화재자료 제80호.
- **괸돌 【마을】** 고인돌이 있는 가재 서쪽에 있는 마을.
- **너머말 【마을】** 가재 너머에 있는 마을.
- **도당재 【산】** 도당제를 지낸 가재 서북쪽에 있는 산.
- **만능고개 【고개】** 가재에서 도농동 역말로 넘어가는 고개. 만
  능(군 산천) 줄기가 됨.
- **미음벌 【들】** 전에 미음면의 땅이었던 가재 서쪽에 있는 들.
- **북두내 【들】** 미음벌 북쪽에 있는 들.
- **성지골 【골】** 가재 서북쪽에 있는 골짜기.

- **아랫말 【마을】** 가재 아래쪽에 있는 마을.
- **안산 【산】** 가재 앞에 있는 산.
- **왜미고개 【고개】** 가재에서 미음벌로 넘어가는 고개.
- **절골 【골】** 절이 있었던 가재 북쪽에 있는 골짜기.
- **조운朝雲 【마을】** '조원'이라는 원집이 있었던 가재 동남쪽에 있는 마을.
  예부터 '원터'라고 불려 왔으나 '조원'이 되고, 다시 '조운리'가 되면서 조운부락이라 하게 되었음.
- **진마루 【고개】** 가재 서쪽에 있는 고개.
- **호랑바위 【바위】** 호랑이처럼 생긴 가재 서북쪽에 있는 바위.
- **만능 【산】** 가운동과 도농동 경계에 있는 산. 해발 128.8m.
- **정사룡鄭思龍 묘 【묘】** 조선 중기의 문신. 영의정 정광필鄭光弼의 조카. 가운동 산26번지 마을회관 부근에 위치.

2) 수석동水石洞 【동】

본래 양주군 미음면 지역인데, 1914년 4월 1일 행정구역 통폐합에 따라 석실리, 수변리, 선도리의 각 일부를 병합하여 수변과 석실의 이름을 따라 수석리라 하여 미금면(읍)에 편입되고, 1980년 4월 1일 남양주군으로 편입됨. 무늬 없는 흙 그릇이 나왔음.

- **거칠매[황곡荒谷] 【마을】** 미음 북쪽에 있는 마을. '황곡'(거칠매)이라고 불러오다가 일제 때 '내미음'이 되었음.
- **강산교회 【교회】** 1958년 창립. 수석동 340-1번지 위치.
- **견질모루 【모롱이】** 미음 동북쪽에 있는 모롱이.
- **골말 【마을】** 축동 뒤에 있는 마을.
- **구시매 【들】** 수석동에 있는 들.

- **나룻개**【마을】미음나무가 있는 마을.
- **높은잔등이**【등】수석동에 등성이.
- **늠느미**【들】수석동에 있는 들. 늪이 있음.
- **도둑골**【골】미음 북서쪽에 있는 골짜기.
- **돌섬벌**【들】수석동에 있는 들.
- **동촌**東村**말**【마을】내미음 동쪽에 있는 마을.
- **뒷놀음**【마을】안미음 서쪽에 있는 마을.
- **뒷놀음고개**【고개】뒷놀음에서 가운동 조운으로 넘어가는 고개.
- **망루봉**【산】수석동에 있는 산.
- **모장끝**【부리】모정 남쪽에 있는 산부리.
- **모정**茅亭**【마을】수석리동 있는 마을. 모정이 있었음.
- **미음**渼陰[**수변리**水邊里]【마을】석실 동쪽에 있는 마을. 조선 때 미음면사무소가 있다가 1914년 군면 폐합 때 미금면에 편입

겸재 정선의 「삼주삼산각」

겸재 정선의 「석실서원도」

되었음.

- **미음 나루터【나루】** 미음 남쪽 한강에 있는 나루. 외미음에서 광주군 동부읍 선리로 건너감. 수석동 외미음 소재.

- **삼주삼산각**三洲三山閣**【택지】** 조선 후기 문인 농암 김창협金昌協의 별서別墅로 머물면서 김창협이 이곳에서 석실서원으로 강학講學을 하러 다녔던 곳.

- **윤선도 별서지**尹善道別墅址**【터】** 미음나루 근처에 있었던 고산 윤선도의 정자가 있었던 터. 독포정지禿浦亭址, 명월정지明月亭址, 해민료지解悶寮址 등이 있었다.

- **봉바위[부엉바위]【바위】** 부엉이가 살았던 수석리에 있는 바위.

- **북마장【마을】** 석실 동쪽에 있는 마을.

- **북덕산【산】** 수석동에 있는 산.

- **비냥모퉁이【모퉁이】** 벼랑이 있는 퇴미재 밑에 있는 들.

- **서촌**西村**[뒷결, 뒷갤]** 【마을】 석실 뒤에 있는 마을.

- **석실**石室**[서원**書院**, 세원]** 【마을】 수석동에서 으뜸 되는 마을. 석실 서원이 있었음. 약 400년 전 조선시대의 안동 김씨인 김창협이 서원을 설치하여 문학을 연구하던 곳이라 하여 석실이라 하였다.

- **석실서원**石室書院 **터** 【터】 석실에 있는 서원 터. 1656년(효종 7)에 세워서 김상용金尙容, 김상헌金尙憲, 김수항金壽恒, 민정중閔鼎重, 이단상李端相을 배향하였는데, 1868년(고종 5)에 헐림.

- **안미음[내미음**內渼陰**]** 【마을】 옛 부터 '황곡'(거칠 매)이라고 불러오다가 일제 때 '내미음'이 되었음. 미음의 안쪽 마을.

- **안웅뎅** 【들】 물이 잘 잠기는 미음 앞에 있는 들.

- **앞벌** 【들】 미음 앞에 있는 들.

- **약물터** 【약】 수석동에 있는 약물 터.

- **외미음**外渼陰 【마을】 미음 바깥쪽에 있는 마을. 약 300년 전 안동 김씨 촌이었으며 김조기의 자손의 호를 따서 '미음'이라 칭하다가 한일 합병 때 수변리水邊里로 개칭하였다가 다시 '외미음'으로 부르고 있음.

- **은너머** 【고개】 안미음에서 가운리로 넘어가는 고개.

- **잔골** 【골】 석실 북쪽에 있는 골짜기.

- **마당** 【마을】 수석동에 있는 마을.

- **축동말[축동]** 【마을】 수석동에 있는 마을.

- **퇴미재** 【고개】 석실에서 안미음으로 넘어가는 고개.

- **학두들기** 【들】 학이 많이 앉았던 수석동에 있는 들.

- **영모재**永慕齋 【사당】 조선 초기 문인이자 서예가인 조말생趙末生을 비롯한 선조들을 제사하는 조씨 문중의 재각.

- **조말생**趙末生 **묘 및 묘비** 【묘】 조선 초기 문신·서예가. 수석동 산2-1번지 위치. 남양주시 향토유적 제8호.

수석리토성 ⓒ 윤종일

- **조태동**趙泰東 **신도비 【묘】** 영모재永慕齋 뒤에 위치.

- **조무강**趙無疆 **묘 【묘】** 숙혜옹주肅惠翁主와 결혼하여 성종의 부마. 수석동 산21-1번지 세원마을 양주 조씨 묘역 서편 언덕의 중간 위치.

- **수석리 토성**水石里土城 **【토성】** 수석동 한강변의 해발 82.3m의 야산에 위치하고 있는 토축성으로 수석리에서 서쪽으로 아차산이 보이고, 남쪽으로는 이성산이 보이며, 마을 앞에는 미음나루가 있는 전략요충지. 경기도 기념물 제94호. 수석동 산2-2에 위치.

15. 도농동陶農洞

도농동 지도

본래 양주군 미음면 지역으로서 질그릇을 구웠으므로 도농, 도롱이라 하였다. 1914년 4월 1일 행정구역 통폐합에 따라 금교리, 가재동의 각 일부와 구지면의 인장리 일부를 병합하여 도농리라 해서 미금면(읍)에 편입되고, 1980년 4월 1일 남양주군으로 편입되었다. 1985년 1월 1일에 도농출장소가 설치(남양주군 조례 제436호)되었으며, 1989년 1월 1일 미금읍이 시로 승격됨에 따라 도농동사무소가 개청되었다. 1991년 3월 1일 19개 통에서 21개 통으로 분통되었고, 1995년 1월 1일 미금시와 남양주군이 통합되자 남양주시 도농동이 되어 현재에 이르고 있다.

약 300년 전 남양 홍씨南楊洪氏가 거주 하였는데 도적이 너무 많아 철로 울타리를 만들어 세워 '쇠미'라고 하다가 도농으로 개칭하였다.

- **동화중학교** 【학교】 1950년 6월 5일 학교법인 도농학원 설립. 1961년 12월 31일 도농중학교 인가. 1976년 6월 30일 동화중학교로 교명 변경. 도농동 106번지 위치.
- **동화고등학교** 【학교】 1950년 6월 5일 학교법인 도농학원 설립. 1972년 12월 29일 도농종합고등학교 인가. 1976년 6월 30일 동화고등학교로 교명 변경. 도농동 106번지 위치.
- **관음사**觀音寺 【사찰】 도농 동남쪽에 있는 절.
- **넘말** 【마을】 도농 너머에 있는 마을.
- **도농역**陶農驛 【역】 도농동에 있는 중앙선의 기차 정거장.
- **뒷벌** 【들】 도농 뒤쪽에 있는 들.
- **상아터** 【마을】 도농동에 있는 마을.
- **빈양모팅이** 【모롱이】 도농 남쪽에 있는 모롱이. 벼랑이 졌음.
- **새말** 【마을】 중말 북쪽에 새로 된 마을.
- **새말고개** 【고개】 새말에서 중말로 넘어가는 고개.

- **선돌**[입석立石] 【고적】 도농동에 있는 선돌.
- **열두마지기** 【들】 도농 서북쪽에 있는 들. 한 배미가 열두 마지기가 됨.
- **왕숙교**王宿橋 【다리】 도농 서쪽 왕산내(도 산천)에 있는 다리.
- **주막거리** 【마을】 주막이 있었던 도농 큰 길 가에 있는 마을.
- **중말**[중촌中村, **야말**] 【마을】 도농 중앙에 있는 마을.
- **홍문**紅門 【정문】 도농에 있는 풍천 임씨豊川任氏의 정문.
- **홍문**紅門**안**[홍문내紅門內] 【마을】 홍문 안쪽에 있는 마을.
- **도농역** 【역】 1939년 4월 1일 보통역으로 개통, 도농동 105번지에 위치.

편집후기 및 일러두기

⅏ 이 책은 학생과 일반인들이 남양주시 땅이름(지명유래)을 이해하
  는 데 도움을 주기 위해 발간되었습니다.
⅏ 조사에 협조에 주신 모든 분들과, 그밖에 자료정리에 도움을 주
  신 모든 분들께 감사드립니다.
⅏ 『남양주 땅이름』을 발간하며 부족한 점은 추후 개정판을 통해 보
  완할 예정입니다. 많은 분들의 제보 및 질정을 부탁드립니다.

⅏ 참고문헌

『삼국사기』, 『삼국유사』, 『고려사』, 『신증동국여지승람』.
김기빈, 『한국의 지명유래』 1 땅이름으로 본 한국향토사, 지식산업사, 1986.
김기빈, 『한국의 지명유래』 2 땅이름과 현실의 부합, 지식산업사, 1989.
남양주문화원, 『우리 고장 남양주』, 2000.
남양주시편찬찬위원회, 『남양주시지』 1 역사, 2000.
남양주시편찬찬위원회, 『남양주시지』 2 문화재와 인물, 2000.
남양주시편찬찬위원회, 『남양주시지』 3 민속, 2000.
배우리, 『우리 땅이름의 뿌리를 찾아서』 ①산·강·바위 편, 토담, 1994.
배우리, 『우리 땅이름의 뿌리를 찾아서』 ②마을·골짜기·들 편, 토담, 1994.
양주문화원, 『양주군지』 상, 1992.
양주문화원, 『양주군지』 하, 1992.
한글학회, 『한국지명총람』 17(경기편) 상, 1985.

임병규

홍익대학교 회화학과 졸업(동양화 전공)
국사편찬위원회 사료조사위원(남양주시)
현 남양주향토사료관장

윤종일

경희대학교 사학과 졸업
동 대학원 문학박사
국사편찬위원회 사료조사위원(남양주시)
현 서일대학 민족문화과 교수

편집·간행위원회 위원(가나다순)
김택중(서울여자대학교 사학과 교수)
김희찬(경희대학교 교양학부 교수)
나호열(경희대학교 사회교육원 주임교수)
안태호(와부소식 발행인)
윤종일(서일대학 민족문화과 교수)
임병규(남양주향토사료관장)
조세열(민족문제연구소 사무총장)
최상범(동국대학교 조경학과 교수, 전 부총장)

풍양문화연구소
풍양문화시리즈 02

남양주 땅이름

값 7,500원

인　쇄 : 2006년 7월 10일
발　행 : 2006년 7월 20일
저　자 : 임 병 규·윤 종 일
사　진 : 김 준 호·윤 종 일
탁　본 : 임 병 규·양 문 순
발행인 : 한 정 희
편　집 : 장 호 희
발행처 : 경인문화사
주　소 : 서울특별시 마포구 마포동 324-3
전　화 : 02-718-4831~2
팩　스 : 02-703-9711
이메일 : kyunginp@chol.com
홈페이지 : http://www.kyunginp.co.kr
　　　　　 한국학서적.kr
등록번호 : 제10-18호(1973. 11. 8)

ISBN : 89-499-0416-0 04900